서문문고
105

손자병법

우 현 민 옮김

차 례

머리말 ··· 5

1. 시계(始計) ··· 7

2. 작전(作戰) ··· 23

3. 모공(謀攻) ··· 39

4. 군형(軍形) ··· 53

5. 병세(兵勢) ··· 64

6. 허실(虛實) ··· 80

7. 군쟁(軍爭) ··· 98

8. 구변(九變) ·· 113

9. 행군(行軍) ·· 124

10. 지형(地形) ·· 143

11. 구지(九地) ·· 157

12. 화공(火攻) ·· 187

13. 용간(用間) ·· 196

해 설 ··· 211

머리말

 이 책은 중국 최고의 兵書「孫子」 13편을 완역, 주를 달고 해설을 한 것이다. 원문인 한문과 그것을 푼 훈독과, 해설을 따로따로 배열했고, 주는 되도록 알기 쉽게 많이 달았다.

 원래「손자」의 원본에는 여러 계통이 있고, 따라서 원문에 異同이 적지 않다. 이것을 고증하여 하나의 완전본을 만든다는 것은 여간 어려운 일이 아니다. 해설에서도 말했지만 그 원본이나 주역서가 예로부터 너무나도 많기 때문이다.

 그러나 오늘날의「손자」는 그 모두가 위나라 武帝, 즉 曹操가 주를 단「魏武注孫子」에서 나왔다고 보아 틀림이 없다. 따라서 가장 완전한 것을 찾으려면 이「魏武注孫子」의 제일 오랜 것을 찾으면 된다.

 이에는 저 청나라의 孫星衍이 宋板本에 의해서 覆刻한「平津館本」이란 것이 있다. 또 宋本「武経七書」의 원본과 역시 宋나라의 吉天保가 모은「十家孫子會注」, 즉「十家注本」이 있다. 근래들어 중국의 中華書局에서 影印 출판된「十家注孫子」는 바로 이「十家注本」과 같은 것이다.

 이밖에도 몇 가지 소개해야 할 것이 있으나, 지면 관계로 생략하기로 한다.「손자」의 문장은 매우 簡古하고 隱微하며, 그 사상과 표현은 때로는「老子」를 생각케 하는 부분이 없지 않다. 따라서 주석도 여러 대가들이 여러 주석을 붙이기에 이르러「十家注」니,「十一家注」니 하는 것이 있다.

이들 「十家」니, 「十一家」는 두어놓고, 明나라에 와서 劉寅의 「武經直解」가 있고, 趙本學의 「孫子校解引類」가 있는데, 특히 유인의 「손무자직해」는 李朝 정조 11년에 「朝鮮版」으로 覆刻되어 나와 조선시대, 선인들에게 많이 읽혔던 것 같다. 이 책은 中華書局에서 나온 「십가주손자」를 바탕으로 하고, 위의 여러 책과 일본의 권위 있는 勞作들을 되도록 많이 참고했다.

원문의 배열은 이해가 쉽도록 짤막하게 나눠서 해석했다. 해석은 위 무제의 주와 십가의 古註, 그리고 고래의 통설에 따랐다. 해석은 되도록 원문의 이해에서 그치도록 했다는 것을 덧붙여 둔다.

옮긴이

1. 시계(始計)

시계(始計)란 전쟁 개시 전에 먼저 당사국(當事國)들이 갖추어야 할 작업준비, 말하자면 총론(總論)인 셈이다.

말할 나위도 없이 전쟁이란 한 나라의 국운(國運)·민명(民命)을 건 인류 최대의 난사(難事)가 아니겠는가. 만약 이를 가볍게 결행한다고 하면 이야말로 국가와 국민의 생명을 농락하는 위험천만한 짓이라 아니할 수 없다.

따라서 「손자」는 맨 처음 이 기본적인 한 편을 들어 당로자(當路者)들을 깊이 일깨워 준다. 편명(篇名)은 「계편제일(計篇第一)」이라고 나오는 원본(原本)도 있다.

孫子曰, 兵者國之大事. 死生之地, 存亡之道, 不可不察也.
손자 말하되, 병(兵)은 나라의 대사(大事)이다. 사생의 지(地), 존망의 도(道)를 살피지 않으면 안 된다.

字 ◆ 兵 ⇨ 用兵. 즉 전쟁이란 뜻.

◆ 存亡 ⇨ 생사존망.

解義 전쟁이란 종사자들로 보면 죽느냐 사느냐 오직 둘 중의 하나이다.

또 이것을 밀어나가는 당사국 국가들로 본다 하더라도 그 국가가 흥하느냐 망하느냐 중 하나이다.

그 어느 쪽으로 보나 전쟁은 생사 둘 중 하나밖에 없는 인류 최대 최난(最難)의 일이니, 이것을 밀어나가는 당로자들은 우선 무엇보다도 먼저 이 중대한 문제에 깊은 성찰을 가해야 한다.

故經之以五事, 校之以計, 而索其情. 一曰道, 二曰天, 三曰地, 四曰將, 五曰法.

그러므로 이를 재는 데 오사(五事)로써 하고, 이를 계교하는 데 계(計)로써 하며, 그 정(情)을 찾는다 1에 말하되 도(道), 2에 말하되 천(天), 3에 말하되 지(地), 4에 말하되 장(將), 5에 말하되 법(法)이다.

注 ◆ 이를 잰다(經之) ⇨ 經은 測量한다. 또는 經營의 경에 해당함. ◆ 이를 계교한다(校之) ⇨ 생각하고 비교하여 바로잡는다는 뜻. 가령 원고와 비교하여 틀린 것을 바로잡는 것을 교정이라 하는 것을 보면 알 수 있다. ◆ 計 ⇨ 여기서 계는 計量의 계에 해당한다. 즉 다섯 가지 항목에 대해서 양편의 득실, 또는 장단점을 찾아내고 그 유무를 자세히 가려낸다는 뜻.

解義 그러므로 전쟁을 계획, 준비, 수행하고, 그 모든 것을 경영하는 데 있어 먼저 사전 계획으로서 다섯 가지 근본문제가 있다.

이것을 근본으로 해서 피아(彼我) 쌍방의 실력을 비교 연구하고, 미리부터 실제 사정을 세밀하게 정탐연구하지 않으면 안 된다.

그 다섯 가지란 첫째 도(道), 둘째 천(天), 셋째 지(地), 넷째 장(將), 다섯째 법(法)으로서 이 다섯 가지는 성패의 근본이 된다.

道者, 令民與上同意, 可與之死, 可與之生, 而不畏危.

도(道)란 백성으로 하여금 상(上)과 더불어 뜻을 한가지로 하고, 이와 더불어 죽고, 이와 더불어 살고, 그리하여 위태함을 두려워하지 않게 하는 것이다.

[解義] 여기서부터는 위의 다섯 가지 항목에 대해서 그 하나하나를 차례차례로 설명한다.

다만, 문장이 너무 짧고 추상적이어서 요샛사람들에게 다소 난해한 구석이 없지 않지만, 그러나 이것은 중국 고문(古文)의 특징으로 현대문과는 다른 점이라 하겠다. 독자들은 모름지기 미독(味讀)을 해야 할 것이다.

여기서 도란 정치의 요도(要道)를 말한다. 전쟁이라 하면 우선 무엇보다도 먼저 거국일치, 온 국민이 일치단결한다는 과제가 가장 시급한 문제로 등장한다.

다시 말하면 국민이 위와 호흡을 같이하여 위급한 때가 오면 상하가 한마음 한뜻으로 생사를 넘어서서 오직 명령만 따르고 결코 생명의 위험 같은 것에 겁내지 않도록 하는 데까지 나가도록 평소 내정(內政)을 갖추어야만 한다. 이것이 전쟁 준비로는 제1요목에 든다.

天者, 陰陽・寒暑・時制也.

천이란 음양・한서・시제(時制)이다.

㊟ ◆ 時制 ⇨ 시간적 조건, 시절(時節)을 말한다.

[解義] 둘째는 천이다. 천에는 음양과 한서(寒暑), 그리고

시제, 즉 시절이란 것이 있다. 음양은 일반적으로 음양가(陰陽家)들이 말하는 전조설(前兆說)을 가리킨다. 조짐을 두고 한 얘기이다.

고대에는 특히 사물의 전조라는 것을 중대시했기 때문에 용병(用兵)에 있어서도 이 점에 깊은 배려가 있어야 한다고 했다. 또 명암(明暗), 청우(晴雨), 건습(乾濕)을 말한다.

다음은 한서로서 중국 대륙은 한서의 차가 심하다. 겨울은 기온이 한대처럼 내려가고 여름에는 무더운 염열(炎熱)에 어딜 가나 수질(水質)이 나쁘다. 한국의 물같은 맑은 물을 찾아보기는 어렵다. 하천은 붉은 흙탕물이 넘쳐흐르니, 자연 그 땅에서 사는 사람들의 생활이 깨끗하지 못하다.

옛날에는 더했다. 여름에 나쁜 병이 유행하고, 그것은 가장 불행한 일이었다.

따라서 여름과 겨울에 행군(行軍)은 금물이다. 겨울의 군대는 추위에 이기지 못하고 여름의 군대는 유행 악역을 견딜 수 없는 데서, 중국에선 예로부터 「겨울과 여름에는 군사를 일으키지 않는다」는 고훈(古訓)조차 있을 정도다.

하기야 이 점은 광활한 중국 대륙의 남과 북, 동과 서에서 다소 사정이 다를 수도 있으나, 이 점을 충분히 고려하여 손자(孫子)는 여기서 용병에는 계절상 군대를 움직이기에 가장 적합한 때를 잡아야 한다고 가르치고 있다.

말하자면 음양과 한서·시절의 제한은 인력으로는 도저히 어찌할 수도 없어서, 이 책은 이것을 천이라 해서 시계(始計)의 둘째 단으로 삼았다.

地者, 遠近·險夷·廣狹·死生也.
지(地)란 원근·험이·광협·사생이다.

㊟ ◆ 險夷 ➩ 夷는 易와 통하고 쉽다는 뜻. 평지를 가리킨다. 즉 평
탄한 길이란 뜻. 易라고 나오는 원본도 있다. ◆ 死生 ➩ 進退活路
가 없는 땅은 死地, 진퇴의 여지가 있는 땅은 生地이다.

解義 이것은 지의 이(利), 즉 땅의 이로움을 든 것이다.
이른바 천시(天時)는 지리(地利)만 못하다는 말이 있을 정도로
지의 이를 얻음과 못 얻음에 따라 용병 작전상 중대한 영향을
미친다고 하는 것은 더 말할 나위조차 없다.

그래서 이 책은 이것을 아는 표준으로 첫째 원근(遠近), 둘
째 험이(險夷), 셋째 광협(廣狹), 넷째 사생(死生), 이 네 가지
를 들었다.

원근이란 자기 나라에서 전쟁터에 이르는 거리의 장단을 가
리키며, 험이란 싸움터의 지세(地勢)가 준험한가 평탄한가를
말한다.

그러나 가령 평탄한 땅이라 하더라도 중국의 양자강 일대와
같은 강남(江南)의 평야는 자연의 수향(水鄉)을 이루고 있어서
도처에 크고 작은 하천이나 못[沼澤]들이 있고, 군대의 행군상
매우 곤란하기도 하다.

그런 곳은 역시 험지이다.

광협은 넓고 좁은 땅, 그리고 끝으로 생사는 군사들로 보아
사지도 되고 생지도 되는 땅을 가리킨다.

이상 지리의 득실에 관계되는 것은 원래 전쟁 승패에 중대
한 요인이 되기 때문에 이것을 시계의 세번째 단으로 삼아서

처음부터 중대한 고려를 하지 않으면 안 된다고 가르쳤다.

將者, 智·信·仁·勇·嚴也.
장(將)이란 지·신·인·용·엄이다.

[解義] 전쟁의 승패는 예로부터 한 사람 명장(名將)이 있느냐 없느냐에 따라서 결정되는 때가 많았다.

따라서 이 책은 이러한 장수들의 우열을 비교해보는 것으로, 그것을 또 이 시계의 네번째 단으로 삼았다.

그러면 장수들의 우열을 아는 방법은 무엇인가. 이에 대해서 이 책은 지(智)·신(信)·인(仁)·용(勇), 그리고 엄(嚴)의 5덕(德)을 들었다.

지와 인·용에 대해선 특별히 설명할 필요가 없을 것이다. 신은 마음이고, 사람됨이 천성(天性) 공평무사한 덕성을 갖추어야만 한다는 말이다.

이는 군(軍)이 무엇보다도 먼저 인화(人和)를 얻어야 하고 그 인화를 얻는 것을 제도로 삼기 때문에, 여기에 장수가 되는 자는 인간의 약점인 애(愛)나 증(憎)의 감정에 지배되어서는 안 된다. 천성이 공평무사하고 신상필벌(信賞必罰)하는 사람이 되어야 한다.

애증의 감정에 지배되거나 이해관계에 얽혀서 편파적이어서는 안 된다.

엄은 관대의 반대다. 원래 강한 의지력을 가지고 있고, 만사에 허술하지 않으며, 군무(軍務)를 보는 데 엄격한 성격의 인간을 가리킨다.

이상 5덕의 장단점을 비교하고 생각한다면 그것으로 장수의 능력, 무능력은 쉽게 알게 된다.

法者, 曲制・官道・主用也
법이란 곡제・관도・주용이다.

[解義] 곡제(曲制)란 군의 편성에 관한 것을 가리킨다. 중국의 고제(古制)에는 다섯 사람을 오(伍), 50사람을 대(隊)로 하고, 거기에 다시 2대(隊)를 곡(曲), 2곡을 관(官), 2관을 부(部), 2부를 교(校)로 해서 만든 조직이 있었고, 이것을 기초로 해서 군의 편성을 줄이고 넓힌 역사가 있었다.

이것이 이른바 군의 곡제이다.

관도(官道)는 군의 관제(官制), 또는 직제(職制)를 말하고, 또 주용(主用)이란 군의 용도에 관한 것, 즉 일반 군기, 군수품의 제조・보관・징용, 혹은 운반에 관한 모든 제도 및 조직에 관한 것을 총칭한 것이다.

이렇게 보면 여기에서 말한 법이란 오늘날의 이른바 일반 군제(軍制)문제 전반에 관계되는 것을 말한 것으로 이것을 중시하는 것은 당연한 일이다.

고대에는 오늘날과 같은 상비군 제도가 없었다. 그러나 평상시의 제도로서 이러한 여러 제도의 비불비(備不備)를 안다는 것은 사전 계책으로 매우 중요한 것이었음에는 틀림없다.

凡此五者, 將莫不聞. 知之者勝, 不知者不勝.
무릇 이 다섯 가지는 장수로서 듣지 않았을 리 없다. 이를 아는 자는 이기고, 알지 못하는 자는 이기지 못한다.

[解義] 대체로 이상 다섯 가지 항목에 대해서 적어도 한 나라의 장수쯤 된다면 누구나 듣고 또 알 것이다. 그러나 사람에게는 제각기 타고난 천품이 있고 취향과 노력, 학식의 정도가 다르니 누구나 같다고 말하기 어렵다.

이에 통달하고 깊이 아는 자는 승리자가 될 것이며, 반대로 아는 것이 없는 자는 승리자가 될 수 없다.

故校之以計, 而索其情. 曰, 主孰有道. 將孰有能. 天地孰得. 法令孰行. 兵衆孰强. 士卒孰練. 賞罰孰明. 吾以此知勝負矣.

그러므로 이를 계교하는 데 계(計)로써 하고, 그 정(情)을 찾는다. 말하되, 임금은 누가 유도(有道)한가. 장수는 누가 유능한가. 천지는 누가 얻었는가. 법령은 누가 잘 행하였는가. 병중(兵衆)은 누가 강한가. 사졸(士卒)은 누가 단련되었는가. 상벌은 누가 밝은가. 나는 이로써 승부를 안다.

[解義] 이상과 같으니, 용병(用兵)에 있어선 먼저 승산의 유무 다소에 관해서 깊이 피아(彼我)의 실정을 탐색 파악한 뒤에 달려들지 않으면 안 된다.

이제 이것을 다시 한번 설명해보면—

① 임금은 누가 유도한가(主孰有道). 피아 상대방 나라에 대해서 우선 그 나라 위정자(爲政者)의 유도(有道)·무도(無道)를 알아보고 그것으로 그 나라 내정(內政)의 정돈(整頓)·부정돈을 판단한다.

　여기서 임금이라 함은 물론 국가의 지배자 군주를 가리키는 것인데, 오늘날 통념상 널리 위정자의 뜻으로 해석하면 된다.

　② 장수는 누가 유능한가(將孰有能). 장수의 유능무능에 대해선 위에 나온 지(智)·신(信)·인(仁)·용(勇)·엄(嚴)의 다섯 가지 덕목으로 알아본다. 그것은 이미 설명한 대로다.

　③ 천지는 누가 얻었는가(天地孰得). 천심(天心)의 순역(順逆)과 지(地)의 이(利)·불리(不利)에 대해 피아의 득실 여하를 알아본다.

　④ 법령은 누가 잘 행하였는가(法令孰行). 군기(軍紀)의 엄정(嚴正) 여하를 알아본다.

　⑤ 병중은 누가 강한가(兵衆孰强). 사기(士氣)의 강약 여하를 알아본다.

　⑥ 사졸은 누가 단련되었는가(士卒孰練). 훈련이 잘 되었는가 안 되었는가 그 정조(精粗)를 알아본다.

　⑦ 상벌은 누가 밝은가(賞罰孰明). 상벌의 공평 여하를 알아본다.

　⑧ 나는 이로써 승부를 안다(吾以之知勝負矣).

　위 일곱 가지 사항을 비교 검토해보면 승패의 수(數)는 분명해진다.

將聽五計, 用之必勝, 留之, 將不聽吾計, 用之必敗, 法之.
장수 나의 계교를 듣고, 이를 써서 반드시 이기면 이를 머물게 하고,

장수 나의 계교를 듣지 않고, 이를 써서 반드시 패하면 이를 버린다.

[解義] 사전의 조사연구는 위에서 말한 다섯 가지 사항에 모두 포함되어 있다. 그러나 이제 전장에 나가는 군의 편성에 있어선 또 한 가지 중요한 것이 남아 있다. 즉 군사령부의 조직이다.

이 군사령부 조직에는 우선 그 총사령관과 참모장(參謀長)이 서로 마음과 뜻이 맞고, 그래서 잘 어울리는 인재를 얻지 않으면 안 된다.

여기선 그 점에 대해 말했다.

모름지기 군사령부 조직에는 이것을 군의 총수(總帥) 입장에서 볼 때, 이 사람이면 내 계획을 잘 듣고 따라서 이런 자를 쓰면 필승을 가져오리라고 굳게 믿어지는 자를 써야 한다. 그래서 전장에 같이 나가야 한다.

반대로 만약 선정된 장군이 자기와 뜻이 맞을 것 같지 않고 어쩐지 새가 벌어질 듯싶어, 이 사람과 같이 전장에 나가면 반드시 패하고 말리라는 생각이 들면, 그런 자는 받아들이지 말아야 한다.

인간관계가 어디까지나 중요하다. 이런 일을 군사령관에게 맡겨서 우선 사령부의 조직을 완벽하게 하는 것은 사전 계획으로 더욱더 중요하다는 것을 말하려 한 것이다.

計利以聽, 乃爲之勢, 以佐其外. 勢者, 因利而制權也.

계교, 이로워 그로써 들으면, 곧 이것이 형세를 이루고, 그로써 그 밖을 돕는다. 형세란 이(利)로 인하여 권(權)을 누르는 것이다.

注 ◆ 이것이 형세를 이루고, 그로써 그 밖을 돕는다(爲之勢以佐其外)
⇨ 가령 관계국과 미리 攻守동맹 같은 것을 맺는 것과 같이 사전에
외부 형세를 만들어서 그것으로 정작 擧兵할 경우에 군의 행동을
돕는다. ◆ 制權 ⇨ 임기응변의 조치를 취하는 것.

解義 매우 어려운 문장이다. 그러나 그 뜻은, 위에 설명해
온 다섯 가지의 조사와 군사령부 조직 등 여러 가지 준비공작
을 해놓고, 그렇게 해서 이쪽이 유리하다는 것을 확신하며, 이
것이면 괜찮겠다싶을 때, 거기에 또 외부 형세를 유리하게 이
끌어놓는다.

이것은 매우 중요하다. 군의 행동을 미리 외부에서 돕는 바
탕을 만들어놓는 것이다. 외교나 정치적 수완이 필요한 것은
더 말할 나위도 없다.

그러나 여기에는 이렇다 할 일정한 법칙이 있는 것은 아니
고, 요는 그때그때의 사정에 따라 임기응변의 처리나 조치를
취할 뿐이다.

兵者詭道也. 故能而示之不能, 用而示之不用, 近而示之遠,
遠而示之近, 利而誘之, 亂而取之, 實用備之, 强而避之, 怒而
撓之, 卑而驕之, 佚而勞之, 親而離之,

병(兵)은 궤도(詭道)이다. 그러므로 능하면서도 이에 불능을 보이고,
부리려 하면서도 이에 부리려 하지 않음을 보이고, 가까우면서도 이에
먼 것을 보이고, 멀면서도 이에 가까운 것을 보이고, 이롭게 해서 이를
당기고, 어지럽게 해서 이를 취하고, 실하면서도 이에 갖추고, 강하면서
도 이를 피하고, 노하게 하면서도 이를 요란스럽게 해놓고, 낮추면서도
이를 교만하게 하고, 편안하게 하면서도 이를 수고롭게 하고, 친하게 하

면서도 이를 떼어놓는다.

㊚ ◆ 詭道 ⇨ 궤는 속인다. 속임수를 쓴다는 뜻이다. 즉 용병이란 평
소의 人道論만 가지고는 안 된다. 내가 적을 없애지 않으면 적이
나를 죽인다. 사느냐 죽느냐의 두 길밖에 없으니 따라서 여기엔 적
의 허를 찌르기 위해 어디까지나 궤도로써 나간다. 이것이 용병의
본질이다. ◆ 撓之 ⇨ 撓는 요란하다. 굽힌다. 긁는다. 긁어 흔들어
놓는다는 뜻. 撓亂 또는 撓折이란 말이 있다. 攪亂이나 擾亂과도
같다.

解義 여기는 전문(前文)을 받아, 그 이른바 형세, 작위(作
爲)의 방책에 대해 참고삼아, 손자(孫子)의 복안(腹案)이라고
도 볼 수 있는 몇 가지 예를 보여준 것이다.

「병(兵)은 궤도」란 말은 매우 유명한 구절이다.

원래 용병이란 하나의 궤도, 편법(便法), 변도(變道)이다.
따라서 이에는 반드시 적이 생각지 못한 곳, 그 허를 찌르는
작전으로 나가지 않으면 안 된다. 말하자면 전쟁에서 이기는
전술의 요체는 적을 속이는 점이다.

이와 같은 승리의 수단 방법으로서, 즉 적의 허점을 조작하
는 방법으로서, 대강 다음과 같은 몇 가지가 생각된다.

① 능하면서도 이에 불능을 보이고(能而示之不能).

가령 충분히 공격 준비를 갖추고 있으면서도 표면상
아직도 무력, 무준비를 가장하는 따위. 자기를 숨기고
나서지 않는다.

② 부리려 하면서도 이에 부리려 하지 않음을 보이

고(用而示之不用).

실제로는 용병을 할 작정으로 있으면서도 표면상 아직도 전의(戰意)가 없는 것처럼 행동하는 것을 말한다.

③ 가까우면서도 이에 먼 것을 보이고(近而示之遠).

가령 가까운 날에 개전(開戰)하기로 결심했음에도 표면상으로는 아직도 전기(戰期)가 먼 것처럼 가장하고 선전한다.

④ 멀면서도 이에 가까운 것을 보이고(遠而示之近).

위와 반대다. 사실은 준비를 위해서 전기를 뒤로 미루어야 하겠다고 생각하면서도 이제라도 개전의 의사가 있는 것같이 허장성세를 일삼는다.

⑤ 이롭게 해서 이를 당기고(利而誘之).

이(利)를 가지고 적을 유혹한다. 이것은 어떠한 시대라도 언제나 새로운 수단으로 이용되고 있다.

⑥ 어지럽게 해서 이를 취하고(亂而取之).

가령 상대방 나라의 민심을 이간시키고, 내란을 선동하고, 또는 그 동맹국과 떨어져 나가게 하는 등의 수단을 써서 공략에 이롭게 한다. 이것은 오늘날 국제정치에서 가장 치열하게 노출되고 있다.

⑦ 실하면서도 이에 갖추고(實而備之).

가령 상대방 나라의 국력이나 군비가 모두 충실해서 넘볼 틈이 없을 경우엔 이쪽에서도 역시 군비를 충실히 해서 시기가 오는 것을 기다린다. 글을 실(實)에 대해선 갖춘다라고 읽으면 뜻이 더욱 명백해진다.

⑧ 강하면서도 이를 피하고(强而避之).

이것도 위와 같이 강(强)에 대해선 이를 피한다는 것이다. 가령 강적에 대해선 잠시 예봉(銳鋒)을 피하고 형세가 익기를 기다린다. 이 또한 변(變)에 대처하는 방법이다.

⑨ 노하게 하면서도 이를 요란스럽게 해놓고(怒而撓之).

가령 적이 자중하며 움직여오지 않을 경우엔 그 노기를 폭발시켜 출동하도록 만들고, 그래서 손쉽게 이를 꺾어버리는 방법을 강구한다.

⑩ 낮추면서도 이를 교만하게 하고(卑而驕之).

가령 고의로 내려깔아서 상대방을 교만하게 만들고, 그래서 유리한 형세로 유도하는 따위. 이쪽이 저자세로 나가 상대방을 안심시키는 방법도 있다.

⑪ 편안하게 하면서도 이를 수고롭게 하고(佚而勞之).

일(佚)은 일(逸)과 통하는 자로 노(勞)와 반대된다. 가령 상대방 나라가 순경(順境)에 서서 이쪽에 대항해 올 때는 책략을 써서 그 차지하고 있는 유리한 순경을 빼앗아 그들이 도리어 어려운 곤경에 서도록 주변 형세를 조작하는 방법. 유리한 위치를 차지하고 편안했던 적이 오히려 지쳐 넘어지도록 만드는 것이다.

⑫ 친하게 하면서도 이를 떼어놓고(親而離之).

가령 상대방 나라의 유력자·야심가·불평가, 또는
반역분자 들에게 돈이나 기타 적당한 방법을 써서 친
교를 맺어놓고, 이것을 내편으로 끌어들임으로써 그
나라의 국민적 단결심을 이반(離反)시키는 방법. 말하
자면 단결을 해치는 수단이다.

攻其無備, 出其不意. 此兵家之勝, 不可先傳也.

그 무비(無備)를 치고, 그 불의에 나간다. 이것이 병가(兵家)의 승
(勝), 먼저 전할 수 없다.

㊟ ◆ 兵家之勝 ⇨ 勝은 勢의 잘못이란 설도 있다.

解義 말하자면, 위에서 말한 여러 가지 속임수를 써서 이
쪽에서 유리한 형세를 만드는 것은 그 모두가 적의 준비 없는
공격, 그 불의를 쳐들어가는 방법에 지나지 않는다.

일종의 기습하는 수단이다. 이것은 전술의 요체로 병가에서
언제나 승산으로 삼는 것. 따라서 이것은 깊이깊이 기밀(機密)
에 붙여야만 하고, 사전에 이것을 남에게 전하거나 말이 나게
해서는 안 된다.

그것은 어디까지나 그때그때의 상황 변화에 따라 임기응변
으로 나가야만 한다.

夫未戰而廟算, 勝者得算多也. 未戰而廟算, 不勝者得算少
也. 多算勝, 少算不勝. 而況於無算乎. 吾以此觀之, 勝負見
矣.

대저 아직도 싸우지 않고 묘산(廟算)하여 이기는 자는 셈을 얻은 것이 많기 때문이다. 아직도 싸우지 않고 묘산하여 이기지 못하는 자는 셈을 얻은 것이 적기 때문이다. 셈 많으면 이기고, 셈 적으면 이기지 못한다. 그런데 하물며 셈이 없는 데서는 어떻겠는가. 나 이로써 이를 보건대, 승부는 나타난다.

字◆ 廟算 ⇨ 廟堂에서의 사전의 헤아림. 계산. 算 놓는 것. 여기서는 이것을 동사로 썼다. ◆ 승부는 나타난다(勝負見矣) ⇨ 見은 여기서 見(현). 나타난다는 뜻. 顯이나 現과 같다. 승부가 갈리는 것을 알 수 있다는 뜻.

解義 예로부터 전해 내려오는 전사(戰史)를 보면 자연히 짐작이 간다. 승자와 패자는 처음부터 알 수 있다.

싸우기 전에 묘당의 계산이 나타난다. 승자는 여기서부터 승산이 있고, 패자는 여기서부터 승산이 없다.

따라서 승패는 그 묘당의 산가지로 예견할 수 있다. 승산이 많고 그것이 확실한 것이면 전쟁은 이긴다. 그것이 없으면 진다. 이 점으로 보아 나는 승패를 싸우기 전에 확실하게 안다.

2. 작전(作戰)

시계(始計)가 정해졌으니 이제는 작전문제가 있다. 그런데 이에 관해서 우선 생각할 것은 첫째 전비(戰費)에 대한 것, 둘째 군의 전투력 유지 및 그 보충에 관한 것, 그리고 셋째 중립(中立) 여러 나라들의 향배(向背)문제가 있다. 이 중립 여러 나라들의 문제는 교전국(交戰國)의 사활(死活)을 결정하는 문제여서 손자는 자그만치 2천5백 년 전 그때 벌써 이 근본문제에 착안을 하고 그 유명한 「졸속(拙速)」이란 말을 만들어 냈다.

작전의 근본은 이 한 마디에 들어 있다고 논단(論斷)한 것이 바로 이 작전 편이다. 말하자면 단기전론(短期戰論)을 편 것인데, 이야말로 몇 번이고 읽고 음미해야 할 이 책에서 가장 뛰어난 명편(名篇)이라 할 수 있다. 「작전편제이(作戰篇第二)」라고 나오는 원본도 있다.

孫子曰, 凡用兵之法, 馳車千駟, 革車千乘, 帶甲十萬, 千里饋糧, 內外之費, 賓客之用, 膠漆之材, 車甲之奉, 日費千金, 然後十萬之師擧矣.

손자 말하되, 무릇 용병의 법은 치거천사(馳車千駟), 혁거천승(革車千乘), 대갑십만(帶甲十萬), 천 리에 양식을 보낼 때는 내외의 비(費), 빈객(賓客)의 용(用), 교칠(膠漆)의 재(材), 거갑(車甲)의 봉(奉), 하루에 천금을 허비한다. 그런 뒤에 십만의 군사 일어난다.

注 ◆ 馳車 ⇨ 고대의 戰車. 兵車. 하나에 將 셋, 卒 72명을 배치했다고 한다. ◆ 千駟 ⇨ 千臺와 같음. ◆ 革車 ⇨ 馳車에 따르는 수레로서 무기 양식 등을 운반하는 데 씀. 하나에 졸 25명을 배치했다고 한다. ◆ 帶甲 ⇨ 甲을 한 자. 즉 무장한 병사라는 뜻. ◆ 賓客의 用 ⇨ 開戰에 따르는 여러 가지 特命使 · 밀사 등의 비용. ◆ 膠漆의 材 ⇨ 고대의 병기인 弓矢. 기타의 병기를 만드는데 쓰는 아교나 칠 따위. ◆ 車甲의 奉 ⇨ 戰車나 무기 종류의 제조에 쓰는 膏油, 또는 피혁 같은 여러 재료. 奉은 생활한다. 또 그 물품. ◆ 餽 ⇨ 饋와 같음. 보낸다. ◆內外之費 위에 「則」이 나오는 원본도 있음.

解義 우선 먼저 전비(戰費)에서부터 얘기를 시작했다.

전쟁에는 참으로 거액의 돈이 필요하다. 물자가 필요하다. 월남전(越南戰)에서 미국이 뿌린 돈을 생각해보더라도 그것이 얼마나 엄청난가를 알 수 있다.

이것은 옛날에도 마찬가지다. 지금 만약 거병(擧兵) 십만이라고 해보자. 그것이 천 리의 원정을 한다고 해보자.

그럴 경우, 내외(內外) 모든 전비는 하루에 천금이 필요하고, 그 필요한 돈이 있는 연후에야 비로소 십만의 군사는 원정의 장도에 오를 수 있다.

이처럼 거대한 전비는 예로부터 어느 나라나 가장 고통스럽게 생각하는 점이다. 수나라의 양제(煬帝)가 몇 번씩이나 고구려를 치다가 마침내는 자기 나라까지 들어먹어 버린 것은 바로 이러한 막대한 전비 때문이었다.

당(唐)나라가 그렇고, 원(元)나라가 또 그렇고, 임진란(壬辰亂)을 일으켰던 일본의 도요토미 히데요시가 또 그러했다. 1차 세계대전이나 2차세계대전이나 그 밖의 어떠한 전쟁에서도 세계의 부강한 나라들이 모두 전비 때문에 골치를 앓아온 것을 우리는 잘 알고 있다.

손자는 그것을 벌써 2천5백 년 전에 예언하고 있다. 전비는 병가(兵家)에서 무엇보다도 먼저 진지하게 생각하지 않으면 안 된다.

其用戰也貴勝. 久則鈍兵挫銳. 攻城則力屈. 久暴師則國用不足.

그 싸움을 부리는 것은 이기는 것을 귀하게 여긴다. 오래 가면 곧 병(兵)을 무디게 하고 예(銳)를 꺾는다. 성을 치면 곧 힘 굽힌다. 오래 군사를 별쪼이면 곧 국용(國用) 족하지 않다.

注 ◆ 暴師 ⇨ 暴은 曝의 本字. 볕에 내쪼인다는 뜻. 드러내놓는다는 뜻. 또 師는 옛날 周나라 때의 제도로서 2천5백 명의 대열. 그것이 달라져서 널리 군사, 또는 군을 의미함. ◆ 國用 ⇨ 나라의 비용. 즉 국가의 재정을 말함.

解義 위와 같으므로, 전쟁은 빨리 이겨야 한다. 빨리 이기는 것을 귀히 여긴다.

그러나 만약 그렇지 못하고 오래 끈다고 해보자. 그렇게 되면 아무리 부강하고 힘 있는 나라라 하더라도 자연 군의 기운은 꺾이고 예봉(銳鋒)은 둔해진다.

왜냐하면 전쟁은 그때그때 싸움을 할 때마다 그 중에서 가장 용감한 우수분자들이 먼저 죽게 마련이기 때문이다. 그렇게 해서 군대는 점차로 보충이 어렵게 되고, 전투력은 날로 떨어질 수밖에 없게 되기 때문이다.

이것은 자연의 도리이다.

더구나 대규모의 공성전(攻城戰) 같은 것은 희생이 크고, 그래서 병력은 손쉽게 꺾이게 마련이다. 그런데도 이러한 공성전을 계속하고 거기에 더 군대를 전장에 오래도록 내버려놓고 무리한 전쟁을 계속한다면, 그러는 동안 어느 사이엔가 국가의 재정은 동이 나고 파탄을 가져와 내부에서부터 가지가지 곤란한 중대문제가 꼬리를 물고 일어난다.

수나라의 양제는 그 가장 대표적인 본보기였다.

夫鈍兵挫銳, 屈力殫貨, 則諸侯乘其弊而起. 雖有智者, 不能善其後矣.

대저 병(兵)을 무디게 하고 예(銳)를 꺾이고, 힘을 다하고 화(貨)를 다[殫]해버리면, 곧 제후(諸侯) 그 폐(弊)를 타고 일어난다. 비록 지자(智者) 있다 하더라도 그 뒤를 잘할 수 없다.

> ㊀ ◆ 貨를 다한다[殫貨] ⇨ 殫은 「탄」이라 읽는다. 다[盡]한다. 동난다는 뜻. 貨를 다한다는 것은 財貨·재산을 다 써버린다. 즉 재원 고갈을 가져온다는 뜻. ◆ 諸侯 ⇨ 局外의 제후. 즉 오늘날 중립 여러 나라에 해당함. ◆ 그 뒤를 잘할 수 없다(不能善其後) ⇨ 善後策이란 말이 바로 여기서 나왔다.

[解義] 이것은 제3국의 향배문제(向背問題)를 말한 것이다. 위와 같이 오랜 시일을 두고 전쟁을 계속한다면 그 때문에

밖에서는 군의 정예(精銳)를 잃고, 예봉은 꺾이고, 전투력은
감퇴되며, 그런가 하면 안으로는 막대한 전비지출 때문에 재정
은 고갈되고 국가는 피폐해서 그 고통스러운 상황이 명백하게
노출되어온다.

이렇게 되면 이제까지 형세만을 관망해오며, 중립을 지켜오
던 국외의 제후들까지도 슬금슬금 입맛을 돋우며 우세한 나라
에 가담해온다. 그래서 어부(漁父)의 이(利)를 얻자고 든다.

사태가 이쯤 이르면 어떠한 천재, 어떠한 슬기로운 자가 나
타난다 하더라도 벌써 도리없어진다. 손을 쓸 수가 없게 된다.
따라서 이에 대해서 미리 대비하지 않으면 안 된다.

故兵聞拙速, 未睹巧之久也.

그러므로 병(兵)은 졸속(拙速)임을 들어도, 아직 교(巧)의 오래임을
보지 못했다.

🈂 ◆ 睹 ⇨ 본다, 見과 같음. 覩로 나오는 원본도 있다. 서로 通用.
  ◆ 巧가 오래다(巧之久) ⇨ 간교하게 巧智를 다해서 전쟁을 계속하
  고, 그렇게 해서 곧잘 오래 견디어간다는 뜻. 巧는 공교.

解義 위에서 말한 세 가지 사실은 교전국의 사활을 결정
하는 전제문제(前提問題)가 되기 때문에 전쟁은 어디까지나 속
결로 처리하지 않으면 안 된다.

반드시 졸속으로 나가야만 승리의 영예를 거둔다. 이에 반해
공교하게 교지로만 나가면 어떤가. 그래서 교묘하게 꾀만 부려
가며 언제까지라도 전쟁을 계속 오래 끌어간다고 하면 어떤가.

손자는 그런 교지로 끌어가는 지구전에선 일찍이 선과(善

果)를 얻어본 역사가 없다고 단정한다.

여기서의 이 「졸속」이란 말은 오늘날 모르는 사람이 없을 정도로 유명한 구절이다.

일반적으로는 이것을 전쟁수단의 교졸(巧拙)로 해석하고, 뭣이나 손쉽게 일을 해치워버리는 의미로 쓰지만, 원래의 뜻은 위와 같이 어떤 전쟁이건 승패여하를 막론하고 어쨌든 빨리 해 치워버리는 것을 뜻한다. 결코 전쟁수단의 교졸을 말한 것은 아니다.

이것은 특별히 기억해 둘 필요가 있다. 한마디로 말해서 속 전주의(速戰主義)라 하면 좋을 것이다.

夫兵久而國利者, 未之有也. 故不盡知用兵之害者, 則不能 盡知用兵之利也.

대저 병(兵) 오래고 나라 이롭게 하는 자는 아직 이것 없다. 그러므로 다 용병의 해(害)를 모르는 자는 곧 용병의 이(利)조차 알지 못한다.

㈜ ◆ 盡知 ⇨ 盡은 다, 남김없이 전부라는 뜻. 悉과 같다. 자세하게 죄다 알아버린다는 뜻이다.

[解義] 따라서 예로부터 긴 시일에 걸쳐 전쟁을 계속한 자 가 국리민복(國利民福)을 돌보고 그렇게 해서 선과를 거둔 예 는 결코 없다.

하기야 전쟁이 잘만 가면 그것으로 국위(國威)를 선양하고 민심을 발양(發揚)하는 등 이익이 없는 것은 아니겠지만, 그러 나 그것은 위정자의 일시적 만족에 그치는 것이 보통이다. 자

첫 잘못하면 망국망민(亡國亡民)의 큰 위험이 따른다.

먼저 이 위험, 위해(危害)에 눈을 보내는 자가 아니면 동시에 용병의 이로움을 결코 안다고 할 수는 없다.

善用兵者, 役不再藉. 糧不三載. 取用於國, 因糧於敵. 故軍食可足也.

잘 병(兵)을 부리는 자는 역(役) 두 번 빌리지 않는다. 양식은 세 번 싣지 않는다. 용(用)을 나라에서 취하고, 양식을 적에서 의지한다. 그러므로 군식(軍食)이 족하다.

注 ◆ 두 번 빌린다(再藉) ⇨ 藉은 「자」, 빌린다[借]는 뜻. 재차 일을 시키지 않고 전쟁을 끝낸다는 것. ◆ 三載 ⇨ 세 번 양식을 실어서 군인들을 내보낸다. 즉 두 번 다시 동원하지 않는다는 뜻. ◆ 用 ⇨ 전쟁의 器材. 즉 弓矢, 刀槍 따위 종류를 말함. ◆ 因 ⇨ 의지한다, 依와 같음. ◆ 軍食 ⇨ 군의 양식. 군량.

解義 따라서 용병을 잘하는 자는, 말하자면 예로부터 명장(名將)으로 알려져온 자는 반드시 첫번 한 번의 동원으로 전쟁의 결말을 내버린다.

결코 두 번 세 번 동원을 거듭하는 따위 장기전(長期戰)은 하지 않는다.

즉—

① 역을 두 번 빌리지 않는다(役不再藉).

여기서 역(役), 역사란 중국의 고제(古制)에 나오는 구전(丘甸)의 역을 말한다. 오늘날의 군관구(軍管區)의 제도와 같다고나 할까.

누구나 알고 있듯 중국에는 은(殷)나라, 주(周)나라 시절부터 이른바 정전법(井田法)이란 것이 있었다. 약 9백 묘(畝)의 반을 우물 정(井) 자 정형(井形)으로 아홉 등분 해서 중앙의 1백 묘는 공전(公田)으로 하고 사방 둘레의 8백 묘는 8가호(家戶)의 농가에 나눠 제각기 이를 경작케 하는 제도가 정해져 있었다.

그래서 군관구로서는 이 여덟 집을 1정(井)으로 해서 4정을 읍(邑), 4읍을 구(丘), 4구를 전(甸)이라 하고, 일조유사시에는 이 1전5백12가호를 1관구로 삼아 여기서 일정한 수의 장정, 마필(馬匹), 기타 모든 군수품이나 부역 등을 일제히 할당해서 시키고 징발해왔던 것이다. 이걸 이제 다시는 빌리지 않는다고 한다면, 곧 두 번 다신 이 구전의 역을 동원하지 않는다. 반드시 한 차례의 동원만으로 전쟁을 결말지어 버린다는 얘기다.

이것이 선전(善戰)의 요체이다.

② 양식은 세 번 싣지 않는다(糧不三載).

이것도 결국 같은 말이다. 말할 나위도 없이 고대의 원정군들이 가장 고통스럽게 여긴 것은 군 양식의 보급문제였다.

원래 교통이 발달되지 못하고, 의지할 만한 운수기관이란 것이 없다. 이러한 미개한 고대사회에서 군은 한 번 나라를 나가 원정을 가게 될 때면 우선 가능한 한 큰 보따리를 꾸려서 거기다 양식을 가득 채워가지고 떠난다.

그래서 일단 적지(敵地)에 든 뒤에는 되도록 그쪽에서 양식을 징발한다. 즉 약탈을 일삼고, 그래서 자활의 방법을 취한 것이었다.

그러고서 원정군이 명예롭게 개선하게 되면 본국에선 다시 큰 보따리를 꾸려 그것을 국경까지 내보낸다. 이렇게 환영하는데, 대체로 이와 같은 방법이 원정군으로서는 최상의 결말이었다.

그러나 전쟁이 오래 가면 첫번 한 번의 동원만으로는 끝이 안나고 두 번 세 번의 보충이 필요하다. 그것이 급하게 필요하다. 그러면 여기서 또다시 구전의 역제(役制)에 좇아 재동원령을 내리게 되고, 이것을 또 전장에까지 내보내야만 한다.

이렇게 되면 군의 동원과 함께 치중(輜重)도 따르지 않으면 안 되고, 따라서 본국으로부터 두 번 세 번 식량을 실어 군을 내보내는 결과가 된다. 그러므로 양식을 세 번 싣지 않는다 하는 것은 곧 재동원을 하지 않는다는 말이다.

③ 용을 나라에서 취하고, 양식을 적에서 의지한다. 그러므로 군식 족하다(取用於國, 因糧於敵. 故軍食可足也).

용(用)이란 군용품, 즉 고대의 궁시(弓矢)나, 도창(刀創), 기타 일반 병기(兵器) 종류를 총칭한 말이다.

이것은 나라에 따라서 제각기 특색이 있고, 뿐만 아니라 자유롭게 징발할 수도 없어서 반드시 본국으로부터의 지급 보충을 기다리지 않으면 안 된다. 그러나 양식에 한해서만은 방금 얘기한 것같이 단연코 적에서 받아낸다.

이러한 방법을 취하면 원정군은 양식 걱정이 없고, 비교적 지구력을 유지해 나갈 수 있다.

國之貧於師者, 遠輸. 遠輸則百姓貧.

나라의 사(師)에 가난한 것은, 멀리 실어보내기 때문이다. 멀리 실어

보내면 곧 백성 가난하다.

> ㊟ ◆ 사에 가난하다(貧於師) ⇨ 전쟁 때문에 국가가 피폐하다는 뜻.
> ◆ 멀리 실어보낸다(遠輸) ⇨ 멀리 떨어진 戰場에 병기와 양식을
> 수송하는 것. 위에 「遠師」를 보충해야 옳다는 설도 있다.

> 解義 전쟁 때문에 나라가 재정곤란에 떨어지는 첫째 원인
> 은 출정군의 수가 많아지는 점이다. 군이 많아지니 거기에 따
> 라 군기(軍器) · 군수품을 멀리 전장에 보내지 않으면 안 된다.
> 숱한 물품들이 싸움터로 수송되어 간다.
> 이 때문에 조세(租稅)는 격증하며 장정은 모자라고 온갖 물
> 품은 귀해지고 운수기관은 모두 징발을 당한다.
> 국내에 남아 있는 사람은 노약자 · 부녀자 · 지체장애자뿐이
> 고, 생산은 없기 때문에 국민들은 절망과 빈궁 속에 빠져들어
> 도저히 헤어나지를 못한다.
> 이것은 어쩔 수 없는 자연의 추세다. 일정(日政)때 일인들이
> 전쟁을 일으켜놓고 허덕이던 것을 회상해보라.

近師者貴賣. 貴賣則百姓財竭.

사(師)에 가까울 때는 비싸게 판다. 비싸게 팔면 곧 백성은 재물이 다
한다.

> ㊟ ◆ 사에 가깝다(近師) ⇨ 군사에 가깝다는 뜻. 일설에는 戰期 절박
> 한 뜻으로 해석. ◆ 비싸게 판다(貴賣) ⇨ 물건을 비싸게 팔다. 즉
> 물가등귀를 의미한다. ◆ 재물 다한다(財竭) ⇨ 竭은 盡과 같은
> 뜻. 재물이 죄다 말라 없어지는 것. ◆ 近師者를 「近於師者」라고

고쳐놓은 典籍도 있다.

解義 뿐만 아니라, 전쟁이 나면 또 물가가 뛰어오른다.

물가가 뛰어오르면 국민은 대번에 수지의 균형을 잃고 얼마 안 가서 그 재산조차도 잃어버리게 된다. 그래서 살 길은 더욱 막연해진다.

財竭則急於丘役, 力屈財殫, 中原內虛.

재물 다하면 곧 구역(丘役)에 급하고, 힘 다하고 재물 다하고, 중원 (中原) 안으로 빈다.

㊟ ◆ 丘役 ⇨ 丘甸의 役制를 말함. ◆ 재물 다한다(財殫) ⇨ 국가가 財源을 잃는다는 뜻. ◆ 中原 ⇨ 여기선 국내란 말과 같은 뜻.

解義 이렇게 해서 전쟁은 오래 가고 국민의 재산이 말라 없어지게 되면 정부가 아무리 국민에게 전세(戰稅)를 중과하려 해도 소용이 없게 된다.

국민들은 벌써 담세력(擔稅力)조차 없다. 힘이 부쳐 견디지를 못한다. 그래서 국가는 할 수 없이 또다시 구전의 역제라는 것을 생각해 내고, 그래서 인마(人馬)나 물자의 실물징발을 서두르게 된다.

이런 상태에 이르면 전장(戰場)에선 군기(軍器)·군수품의 보급 불충분으로 병력은 다해 뻗치지를 못하고, 안에서는 재원·자원(資源)이 모두 바닥나버려 어떻게 할 수가 없게 된다.

따라서 국내는 공허해지고, 국가의 중대한 위기를 가져오게 된다.

於家, 百姓之費, 十去其七. 公家之費, 破車罷馬, 甲胄矢
弓, 戟楯矛櫓, 丘牛大車, 十去其六.

집에 있어선, 백성의 비용, 열에서 그 일곱을 제한다. 공가(公家)의
비용은, 파거피마(破車罷馬), 갑주시궁(甲胄矢弓), 극순모로(戟楯矛櫓),
구우대거(丘牛大車), 열에서 그 여섯을 제한다.

㊟ ◆ 十去其七 ⇨ 열 중에서 일곱을 잃는다는 뜻. ◆ 公家 ⇨ 당시
봉건시대의 국내 재상, 또는 사대부들의 집을 가리킴. ◆ 破車 ⇨
戰車의 파손, 망실 따위. ◆ 罷馬 ⇨ 疲馬와 같음. 馬匹의 고역에
견디지를 못하고 廢馬가 되는 것. 이 경우 「罷」의 발음은 피. ◆
戟楯 ⇨ 戟은 끝이 갈라진 창. 楯은 손에 쥐는 방패. ◆ 矛櫓 ⇨ 矛
는 자루 긴 창. 櫓는 진영 밖에다 세우는 화살이나 돌을 막기 위한
큰 방패. ◆ 丘牛 ⇨ 丘는 크다는 뜻. 丘牛는 大牛. 큰 소와 같음.

解義 이제 이것을 국민의 여러 계층, 각 개인의 집들로 본
다면, 전시의 조세(租稅), 또는 각종 군수품 등의 징발에 따라
보통 평민의 집에선 대체로 그 자산(資産)의 약 7할 가량까지
뺏기고, 공경대부(公卿大夫)나 사대부들은 집에서 소유하는 전
거(戰車), 마필(馬匹), 갑주(甲胄), 궁시(弓矢), 극순(戟盾),
모로(矛櫓), 또는 큰 소나 큰 수레들을 거의 6할 정도까지는
잃어버린다.

전쟁이 국민을 이처럼 피폐시키는 것을 어찌 외면할 수 있
을까.

故智將務食於敵. 食敵一鍾, 當吾二十鍾. 忌秆一石, 當吾
二十石.

그러므로 지장(智將)은 힘써 적에게 먹는다. 적의 1종(鍾)을 먹는 것은, 나의 20종에 맞는다. 기간(萁秆) 1석(石)은 나의 20석에 맞는다.

㊟ ◆ 一鍾 ⇨ 鍾은 중국 고대의 量名. 단위. 1종은 6斛 4斗에 해당함. ◆ 萁秆 ⇨ 모두 牛馬의 사료. 萁는 콩깍지, 秆은 볏짚. 稈과 같음. ◆ 一石 ⇨ 石은 고대 斤量의 단위. 약 1백 20근에 해당함.

解義 이상과 같으므로 이러한 사정을 아는 지장(智將)은 일부러 양식을 적에게서 뺏어 내는 것이다.

그것은 얼마나 이로운지 모른다. 양식을 적에게서 얻는 것과 멀리 자기 나라에서 수송해오는 것과 비교해 볼 때 그것은 더욱더 명백해진다.

가령 적지(敵地)에서 1종(鍾)의 쌀을 징발했을 때 그것은 본국에서 수송해오는 20종의 쌀과 맞먹는다. 자그만치 20배라는 얘기다.

또 마소의 사료는 어떤가. 콩깍지나 볏짚 같은 것도 똑같이 적지에서 징발하게 되면 그 1석은 본국에서 보내오는 20석과 맞먹는다.

즉, 군의 양식이나 마소의 사료는 본국에서 싸움터까지 수송하게 되면 도중에 이래저래 줄어들어서 처음 보낼 때 비하면 받을 때는 그 20분의 1밖에 안 된다.

이것은 다소 과장이 아닐까도 생각된다. 그러나 교통이 불편했던 옛날 중국을 생각해 보라. 길도 제대로 나있지 않은 산이나 들을 중국의 옛 군대들이 수많은 우마차와 말꾼들을 몰아가며 움직여간다.

그것이 지지부진이다. 진흙에 빠지고 비바람을 피해야 하고,

그러면서도 움직여가는 것을 생각해보라. 그 사이에 양식이나 사료가 제대로 남아 있을 것인가. 먹어 없앴고, 떨어져 없앴고, 그래서 그 도중에서 없어진 손실은 이것이 목적지인 싸움터에 까지 이르렀을 때는 참으로 막대한 것이 아니었을까.

오늘날처럼 기차·기선·자동차·비행기도 없고, 그런 편리한 운수기관 같은 것은 생각지도 못하던 옛날에 군의 생명인 군기·군수품의 보급은 얼마나 그들 고대 군당국의 머리를 괴롭혔던가. 이것이 얼마나 큰 문제였던가. 그것을 이 짤막한 글로써 십분 이해하고도 남음이 있다.

이것은 결코 오늘날이라 해서 해결될 문제는 아니다.

故殺敵者怒也. 取敵之利者貨也.

그러므로 적을 죽이는 것은 노(怒)이다. 적의 이(利)를 취하는 것은 재물이다.

解義 따라서 군이 나아가 적과 싸우는 용기는 그 노기(怒氣), 즉 적개심에서 발하는 것이지만, 한편 적에게서 뺏어 이쪽을 유리하게 하고, 그래서 지구력을 갖게 하는 것은 적이 소유하는 그 화재(貨財)에 있다.

그것은 물론 양식·전거(戰車) 등과 같은 주요 기재(器材)를 말하는 것인데, 다시 말해서 적과 싸우는 원동력은 전의(戰意)이지만, 그 전의를 뒷받침하는 것은 이러한 전리품(戰利品)들이다.

이 점 원정군은 깊이 생각해야 하리라.

車戰得車十乘以上, 賞其先得者, 而更其旌旗, 車雜而乘之, 卒善而養之. 是謂勝敵而益强.

거전(車戰)에 수레 십 승(乘) 이상을 얻으면, 그 먼저 얻은 자를 상주고, 그리하여 그 정기(旌旗)를 고치고, 수레는 섞어 이에 타게 하고, 졸(卒)은 잘하여 이를 기른다. 이를 적에게 이기고 강(强)을 더한다고 이른다.

[解義] 여기선 적의 재물을 뺏어 이쪽을 유리하게 하는 것을 주장했다. 이른바 적으로써 이쪽을 유리하게 하는 한 예를 보여준 것이다.

이제 가령 전거(戰車)와 전거가 싸울 경우에 이쪽에서 적의 전거 열 대 이상을 뺏은 자가 있다고 하자. 그럴 때엔 우선 최초로 공을 세운 자를 상주고, 이를 격려하는 한편, 그 뺏은 전거는 즉시 적기(敵旗)를 내리고 이쪽의 깃발을 단다.

그렇게 해서 그 전거는 이쪽 전거와 섞어 재편성을 하고, 또 포로로 잡힌 적병들은 잘 대우해서 이쪽 편에 들도록 한다. 이렇게 하면 이야말로 적을 이길 때마다 이쪽의 전투력은 배가되고 점점 커져서 무적의 강자가 된다고 할 것이 아니겠는가.

故兵貴勝. 不貴久.

그러므로 병(兵)은 이기는 것을 귀하게 여긴다. 오래 가는 것을 귀하게 여기지 않는다.

[解義] 이상은 요컨대, 전쟁은 빨리 해치워야 한다. 이기고 끝내 버려야 한다. 교지(巧智)를 일삼아 지구전에 드는 것은 절대로 피해야 한다는 것을 가르친 말이다.

중국에서 전쟁을 일으킨 일본이 태평양으로 뻗어나가 끝내
는 패망한 것을 보라. 그것이 얼마나 비참했던가.

故知兵之將, 民之司命, 國家安危之主也.

그러므로 병(兵)을 아는 장수는 백성의 사명(司命), 국가 안위의 주인
이다.

㈜ ◆ 병을 안다〔知兵〕 ⇨ 병은 반드시 졸속해야 하고, 巧久해서는 안
되는 이치를 아는 것을 말함. ◆ 司命 ⇨ 생명을 맡아보는 神. 屈
原의 「楚辭」 九歌에 「大司命」, 「少司命」의 詩가 나온다. ◆ 안위의
주인(安危之主) ⇨ 主란 주인·임금·至上者. 여기선 국가의 수호
신과 같음.

[解義] 따라서 참으로 전쟁의 중대함을 알고, 결코 오래 끌
어서는 안 된다는 것을 아는 유능한 용병의 명장이 있다고 한
다면 그런 명장이야말로 국민의 은인, 국가 안위의 수호신으로
높이 떠받들어야 할 것이다.

이런 도리를 모르는 장수는 장수도 아니다. 국민을 전쟁의
도탄 속에 빠뜨려 시달리게 하고 거기서 헤어나지 못하게 할
뿐이다.

그래서 국민·국가, 그 자신까지도 망쳐버린다.

3. 모공(謀攻)

모공(謀攻)은 군사를 쓰지 않고 적을 굴복시킨다. 즉 싸우지 않고 이기는 길을 연구하는 것이다.

모름지기 용병은 지금까지 몇 번이고 말해온 것처럼 참으로 국가의 운명을 건 중대한 일이다. 따라서 될 수 있으면 칼을 빼지 않고서도 능히 미연에 적의 의사를 정복함으로써 소기의 목적을 달성하는 길을 찾는 것 이상 더 좋은 방법은 없다.

그래서 이 모공은 예로부터 병법의 비결로 널리 전해 내려 오고 있다. 싸우지 않고 이기는 것, 그것이 최고의 승리이다. 간사한 술책으로가 아니고 어디까지나 법칙성에 맞는 무리없는 전쟁이어야만 한다.

孫子曰, 凡用兵之法, 全國爲上, 破國次之. 全軍爲上, 破軍次之. 全旅爲上, 破旅次之. 全卒爲上, 破卒次之. 全伍爲上, 破伍次之

손자 말하되, 무릇 용병(用兵)의 법(法)은 나라를 온전히 하는 것을 상(上)으로 하고, 나라를 깨뜨리는 것은 이에 버금한다. 군(軍)을 온전히 하는 것을 상으로 하고, 군을 깨뜨리는 것은 이에 버금한다. 여(旅)를 온전히 하는 것을 상으로 하고, 여를 깨뜨리는 것은 이에 버금한다. 졸(卒)을 온전히 하는 것을 상으로 하고, 졸을 깨뜨리는 것은 이에 버금한다.

오(伍)를 온전히 하는 것을 상으로 하고 오를 깨뜨리는 것은 이에 버금한다.

[解義] 중국 고대의 병제(兵制)는 1만2천5백 명을 군(軍)으로 하고, 2천5백 명을 사(師), 5백 명을 여(旅), 1백 명을 졸(卒), 5명을 오(伍)로 했던 조직이 있었다.

글 가운데 군·여·졸·오 등은 이들 병단(兵團)을 가리킨 말이다. 오늘의 사단(師團)·여단(旅團)·연대(聯隊), 그리고 대·중·소대 등의 이름이 있는 것과 같다.

그런데

무릇 군사를 움직여 남의 나라를 파괴한다든가, 또는 적의 군려(軍旅)나 졸오(卒伍)의 병단을 상대로 할 경우에도 이것을 하나하나 파괴해버린다든가, 죽인다든가 해서 정전(征戰)의 목적을 달하는 것은 결코 좋은 방법이라 할 수 없다.

최상의 전략은 적국을 깨지 않고, 또 적병을 죽이지 않으면서, 말하자면 칼에 피를 묻히지 않고, 이것을 잘 내 수중에 넣는 데 있다. 싸우지 않고 이기는 승리, 바로 그것이다.

是故, 百戰百勝, 非善之善者也. 不戰而屈人之兵, 善之善者也.

즉 백전백승은 선(善)의 선한 것은 아니다. 싸우지 않고 남의 군사를 굽히는 것이 선의 선한 것이다.

[解義] 이것은 위 말의 전제에서 오는 당연한 결론이다.

그런 까닭으로 백전백승은 선(善)의 선(善)한 것이 아니다. 싸우지 않고도 남의 군사를 굽힐 수 있어야만 비로소 지선(至

善)을 얻었다고 할 수 있다. 어떻게 하면 이러한 이상적인 전략을 얻을 수가 있는가. 이것은 다음에 나오는 한 마디에 있다. 즉 벌모(伐謀)—

모공의 전략은 바로 이 한 마디 「벌모」에 있다. 독자들은 깊이깊이 음미하시라.

故上兵伐謀. 其次伐交. 其次伐兵. 其下攻城.
그러므로 상병(上兵)은 모(謀)를 친다. 그 다음은 교(交)를 치고 나서. 그 다음은 병(兵)을 친다. 그 아래는 성(城)을 친다

[解義] 따라서 용병의 길에는 상중하와 그 맨 아래 4단계가 있다. 첫째가 안 되면 그 다음. 그 다음이 안 되면 그 다음, 또 그 다음이 안 되면 이제는 네번째 최하책(最下策)으로 나간다.
이것을 차례로 설명해 보자.
① 상병은 모를 친다(上兵伐謀).
병법(兵法) 중 최상책이다. 즉 모공의 전략을 설명한 말이다. 여기에 모(謀)라 한 것은 적이 아직도 표면에 드러내지 않은 기도(企圖), 또는 그 품은 의사를 가리킨 것이다. 이것을 친다고 하는 것은 사전에 기선(機先)을 눌러서 적의 의사를 압도하고, 이로 하여금 감히 그 투지를 발휘할 여지조차 없게 만들어버리는 것을 말한다. 그리고 상병(上兵)은 전략 중 최상이란 뜻이다.
다시 말해서 모공은 미연에 적의 의사. 또는 그 기도를 쳐서 군사를 쓰지 않고도 굴복시켜 버리는 것을 말한다. 즉, 적의 의도를 미연에 꺾어 버리는 것이다. 결국 강대국이 실력행사보

다도 먼저 외교수단을 써서 교묘하게 기선을 꺾고, 보기좋게 상대방 나라를 제압해 버리는 경우와 같다. 그리고 사실상 이 것은 예로부터 대정치가·대군략가(大軍略家)의 비법으로 언제 나 허다하게 이용되어온 수법이다. 가령 오늘날의 국제정치를 보라. 모공의 실례를 다채롭게 눈앞에 보여주는 듯싶지 않은 가.

② 그 다음은 교를 친다(其次伐交).

교(交)란 친교국(親交國)의 뜻이다. 즉 상대방 나라가 자기 의 후원자로서 믿는 동맹국이나 우방국, 같은 진영을 말한다.

사람을 쏘기 전에 먼저 말을 쏘란 말이 있다. 그런 배경이 있는 나라는 아예 먼저 그 배경을 쳐서 나머지는 싸우지 않고 도 굴복시킬 수 있는 방법을 취한다. 이 역시 모공의 취지에 맞는 고도의 세련된 수법이다.

③ 그 다음은 병을 친다(其次伐兵).

병(兵)을 친다는 말은 직접 당면한 적을 친다는 뜻이다.

즉 적에 대해서 드디어 군사를 쓰는 경우다. 첫째 방법과 둘 째 방법을 쓸 수 없는 경우에 이르면 어쩔 수 없이 전쟁을 선 포하고 군을 동원할 수밖에 없다.

이것은 필연적인 귀추다.

④ 그 아래는 성을 친다(其下攻城).

최하책은 성을 치는 것이다. 적의 거점을 공격하는 공성전 (攻城戰)을 용병상 가장 피해야 할 일이라고 보았다.

그 이유는 다음 단에 가서 설명한다.

攻城之法爲不得已. 修櫓轒轀, 具器械三月而後成. 距闉又

三月而後已. 將不勝其忿而蟻附之. 殺士卒三分之一, 而城不拔者, 此攻之災也.

공성의 법은 부득이한 때문이다. 노(櫓)・분온(轒轀)을 다스리고, 기계를 갖추는 것은 3월하고 뒤에 이룬다. 거인(距闉) 또 3월하고 뒤에 마친다. 장(將), 그 분을 이기지 못하고 이에 의부(蟻附)한다. 사졸(士卒) 3분의 1을 죽이고도 성을 뺏지 못하면이것은 공(攻)의 재앙이다.

㊟ ◆ 노, 분온을 다스리고(修櫓轒轀) ⇨ 櫓는 진영 바깥에 세우는 화살이나 돌을 막기 위한 큰 방패. 轒轀은 고대 중국에서 사용한 攻城用의 바퀴 네 개 달린 수레로 일종의 戰車. 다스린다〔修〕는 제조해서 갖춘다는 뜻. ◆ 3월하고 마친다(三月而已) ⇨ 끝난다는 뜻, 3개월 된 뒤에 이루어진다는 말. ◆ 距闉 ⇨ 防壘를 말한다. 距는 拒와 통함. 防拒用이란 뜻. 闉은 「인」이라 발음하고, 흙을 쌓아올려 만든 土壘와 같은 것을 총칭함. ◆ 蟻附 ⇨ 개미가 단 것에 모여들 듯 모여 붙는 것. 「諸葛亮」에 「海內英雄이 望風蟻附한다」는 말이 있다.

┃解義┃ 공성전(攻城戰)이야말로, 참으로 부득이한 경우 이외에는 결코 해서는 안 된다.

왜냐하면 성을 치기 위해선 먼저 적지 않은 시일을 들여 공성용 기구부터 준비해야 하고, 그 기구를 갖춘 뒤 비로소 행동을 개시하는 것이지만, 그렇게 해서 정작 움직여본다 하더라도 성의 함락은 그렇게 쉬운 일이 아니다.

쉽지 않으니 공격군의 주장(主將)은 반드시 분노를 느끼게 되고 초조하며 개미처럼 달라붙는 밀집부대를 만들어서 총공격에 총공격을 가하게 된다. 이렇게 해서 사졸(士卒)의 태반을 잃어버리고, 또 피투성이의 참전(參戰)을 되풀이한다 하더라도 성을 함락시키는 것은 결코 용이한 일이 아니다. 이러한 큰 희생과 큰 경비는 공성전에 따르는 일대 재앙이 아니고 무엇일까.

故善用兵者, 屈人之兵. 而非戰也. 拔人之城. 而非攻也. 毀人之國. 而非久也. 必以全爭於天下. 故兵不頓, 而利可全. 此謀攻之法也.

그러므로 잘 용병하는 자는 남의 군사를 굽힌다. 그러고도 싸우는 것이 아니다. 남의 성을 뺀다. 그러고도 치는 것이 아니다. 남의 나라를 깨친다. 그러고도 오래가지 않는다. 반드시 온전한 것으로써 천하에 다툰다. 그러므로 병 지치지 않고 이(利) 온전히 할 수 있다. 이것이 모공의 법이다.

㊟ ◆ 남의 나라를 깨친다(毀人之國) ⇨ 毀는 破의 뜻. 깨친다는 것.
◆ 병은 지치지 않고(兵不頓) ⇨ 頓은 동사로 꾸벅거린다, 지친다, 꺾인다. 군사가 지쳐 손실을 가져온다는 뜻. 그렇지 않다는 이야기.

解義 따라서 전쟁에 능한 자는 싸우지 않고도 남의 군사를 굴복시키고, 포위 공격을 하지 않아도 남의 성을 함락시키고, 또 지구전으로 몰고 가지 않아도 남의 나라를 격파할 수 있다.

이것이 용병의 이상(理想)이다.

말하자면 용병의 비결은 사전에 적의 기선을 꺾고, 그렇게 해서 절대 안전제일의 방법으로 천하의 웅(雄)을 다투는 데 있다. 그렇게 하면 군사를 지치게 하지 않고 꺾임 없이 언제나 잘 전과(戰果)를 거둘 수 있다.

땅 짚고 헤엄치는 것, 여기에 바로「모공」의 법이 있다.

故用兵之法, 十則圍之, 五則攻之, 倍則分之, 敵則能戰之, 少則能逃之, 不若則能避之, 故小敵之堅, 大敵之擒也.

그러므로 용병의 법은, 열이면 이를 에우고, 다섯이면 이를 치고, 갑절이면 이를 나누고, 상당하면 잘 이와 싸우고, 적으면 잘 이를 도망치고, 그만 못하면 잘 이를 피한다. 그러므로 소적(小敵)의 굳셈은 대적의 금(擒)이다.

解義 이것은 모공의 실제를 설명한 말이다. 따라서 이제 어쩔 수 없이 적과 상대했을 경우엔 위와 똑같은 원리, 정신에 의해서 공수(攻守) 준비를 하는 것인데, 그 전쟁의 원칙은 다음과 같다.

① 열이면 이를 에운다(十則圍之)

십 배의 군사를 가지고 적을 대할 경우엔 포위해서 적의 굴복, 또는 자멸을 기다린다.

왜냐하면 이런 경우 승패의 수(數)는 싸우지 않아도 명백한 때문이고, 무리한 싸움을 공연히 해서 이쪽 군사를 손해볼 필요가 없기 때문이다.

② 다섯이면 이를 친다(五則攻之).

5배의 군사를 가지고 적을 대할 경우 ①의 작전을 취하기는 부족하지만, 그 절대적 세력을 이용해서 단숨에 적을 때려버려야 한다.

③ 갑절이면 이를 나눈다(倍則分之).

두 배의 군사를 가지고 적을 대할 경우 이쪽 군사를 둘로 나 눠 협격(挾擊) 작전을 취한다.

이것이 일반적 통칙이다.

④ 상당하면 잘 이와 싸운다(敵則能戰之)

서로의 병력이 맞먹고 대등한 힘에 의해서 싸울 땐 오직 전 력을 다해서 잘 싸워야 한다.

⑤ 적으면 잘 이를 도망친다(少則能逃之).

이쪽 수가 부족해 중과부적일 경우 원칙적으로 잠시 그 예 봉(銳鋒)을 피해서 일부러 무리한 전쟁은 하지 않는다. 일시 후퇴한다.

⑥ 그만 못하면 잘 이를 피한다(不若則能避之).

적에 비하여 단지 병수(兵數)뿐만 아니라, 그 외 가령 병기 (兵器)의 우열, 또는 지(地)의 이(利)·불리(不利) 등 여러 조 건이 현저하게 떨어질 경우 처음부터 이를 피해서 이쪽에선 아 예 싸우지 말아야 한다. 그러한 조심성이 중요하다.

힘이 없다는 것을 잘 알면서도 공연히 무익한 싸움을 하는 자, 그런 자를 경계한 말이다.

⑦ 그러므로 소적의 굳셈은 대적의 금(擒)이다(故小敵之堅 大敵之擒也).

이것은 위의 ⑤, ⑥ 두 가지를 결론지은 말이다.

그러니까 작은 적이 공연히 굳센 척하면 큰 적의 입감밖에 안 된다. 그 포로밖에 되지 않으니 안 된다. 당치 않은 용맹만 을 믿는 저돌주의는 절대 금물이다.

夫將者國之輔也. 輔周則國必强. 輔隙則國必弱.

대저 장수는 나라의 보(輔)이다. 보 주밀하면 곧 나라가 반드시 강하고, 보 틈이 있으면 곧 나라는 반드시 약하다.

注 ◆ 보 주밀하다(輔周) ⇨ 輔는 짐이 떨어지는 것을 막기 위해 짐수레의 양편에 매단 支柱를 말한다. 그 뜻이 바뀌어 군주를 보좌하고 국정에 참여하는 국가의 重臣을 가리킴. ◆ 보 틈 있다(輔隙) ⇨ 隙은 틈새라는 뜻. 보에 틈이 있다. 즉 군신 사이에 손발이 잘 맞지 않는다는 말이다.

解義 말하자면 장수는 국가의 지주(支柱)이다. 그래서 명군(名君)과 명장(名將)이 잘 맺어지면 나라는 반드시 강성해지고, 반면 이 둘 사이에 틈새가 있게 되면 나라는 반드시 망한다. 명군이 있어도 명장이 없든가, 명장이 있어도 명군이 없을 때 나라는 잘 되어갈 수 없다.

故君之所以患於軍者三. 不知三軍之不可以進, 而謂之進, 不知三軍之不可以退, 而謂之退, 是謂縻軍.

그러므로 임금의 군(軍)에 근심되는 소이의 것은 셋이 있다. 삼군(三軍)의 나갈 수 없음을 모르고 이에 나가라 하고, 삼군의 물러날 수 없음을 모르고 이에 물러나라 한다. 이것을 미군(縻軍)이라 이른다.

注 ◆ 군에 근심되는 소이(所以患於軍) ⇨ 군을 통솔하는 데 우환이 될 만한 것. ◆ 縻軍 ⇨ 縻는 얽어맨다는 뜻. 繫와 같음. 즉, 끈으로 매서 소나 말처럼 진퇴의 자유를 잃어버린 군대라는 말. ◆ 三軍의 三이 없는 원본도 있다.

[解義] 따라서 군주가 군을 위험으로 몰아넣는 3대 우환이란 것이 있다.

그 하나는 군주, 또는 그의 정부가 멀리 전선(戰線)을 떠나 있어서 싸움터의 사정에 눈이 어두운데도 불구하고 전방의 보고에 두려움을 품는 나머지, 가령 군이 나갈 수 없는데도 나가라고 명령한다든가, 또는 그 반대로 물러설 수 없는데도 물러서라 명령한다든가 해서 쓸데없이 군의 진퇴에 간섭을 한다.

이렇게 되면 군은 적을 앞에 놓고 도저히 그 기능을 발휘할 수 없다.

이런 식으로 군주의 간섭, 얽매임 속에 있는 군대를 이른바 고삐를 찬 「미군(縻軍)」이라 하며, 그런 군대는 도저히 승리할 자신이 없다.

마소처럼 끌려다닐 뿐이다.

不知三軍之事, 而同三軍之任, 則軍士惑矣.

삼군의 일을 모르고 삼군의 소임을 한가지로 하면, 즉 군사가 미혹한다.

[注] ◆ 三軍之事 ⇨ 三軍이란 上軍, 中軍, 下軍. 즉, 군의 총칭. 일〔事〕이란 軍中의 상벌, 기타 일체의 軍務에 해당한 것을 가리킴. ◆ 삼군의 소임(三軍之任) ⇨ 任은 임무, 소임. 즉, 일이라는 말과 같음. ◆ 三軍之任 ⇨ 三軍之政으로 나오는 원본도 있음.

[解義] 이것은 이른바 삼환(三患) 중에서 두번째에 드는 것이다.

출정군의 군중(軍中)에서의 군무(軍務)—이 역시 장수에 대

3. 모 공 49

해 될 수 있는 대로 광범위한 자유재량을 허용하지 않으면 안
된다. 그렇게 해서 긴밀한 군의 통제를 확보해야만 한다. 그러
나 군주가 이에 간섭을 하고 그의 전단(專斷)을 허용하지 않는
다면 군중의 법령은 무엇이 될 것인가.

참으로 모든 것은 헛갈리고, 군사들은 그 따라야 할 바를 몰
라 어리둥절할 뿐일 것이다.

이래서야 군의 통제는 도저히 불가능하다.

不知三軍之權, 而同三軍之任, 則軍士疑矣.

삼군의 권(權)을 모르고 삼군의 소임을 한가지로 하면, 즉 군사 의심
한다.

[解義] 이것은 삼환 중 세번째이다.

삼군의 권이란 전선에 있어서의 전략상 기의(機宜)의 조치
를 취하는 것을 가리킨다. 가령 군이 전진하느냐, 후퇴하느냐,
공세를 취하느냐, 수세를 취하느냐 하는 따위. 요컨대 적과 상
대했을 때의 온갖 임기응변의 처치를 가리킨다.

이 역시 눈앞의 적정(敵情)에 따른 장수의 과단과 결심에
일임해버리지 않으면 안 된다. 그런데도 군주가 간섭을 하면
어찌 되겠는가. 군사들은 자연 군의 방략(方略)에 의심을 품
고, 따라서 그 투지는 형편없이 꺾이고야 만다.

三軍旣惑且疑, 則諸侯之難至矣. 是謂亂軍引勝.

삼군 이미 미혹하고 또 의심하면, 곧 제후의 난(難)에 이른다. 이를,
군을 어지럽혀 승(勝)을 이끈다고 이른다.

㈜ ◆ 제후의 난(諸侯之難) ⇨ 局外國이나 다른 異質 세력의 궐기에
의해서 일어나는 국난을 말함. ◆ 승을 이끈다(引勝) ⇨ 이쪽에 대
해서 승리자를 끌어온다는 뜻. 引은 去의 뜻.

[解義] 위와 같이 군주의 공연한 간섭이나 결박으로 한번
삼군의 염두에 의혹이 생기기 시작하면 군은 대번에 흔들리고
무너진다. 이렇게 걷잡을 수 없이 허물어지기 시작하면 이것을
지켜보던 국외(局外)의 제후들까지 마침내 적군에 가담해서 국
난(國難)은 더욱더 가중된다.

따라서 이러한 군주의 분별없는 간섭은 그 스스로가 군을
교란시키고 일부러 국외자까지 끌어들여 자기에게 이기게 하는
결과를 가져오는 것이다. 이야말로 자멸행위가 아니고 무엇일
까.

故知勝有五. 知可以與戰, 不可以與戰者勝. 識衆寡之用者
勝. 上下同欲者勝. 以虞待不虞者勝. 將能而君不御者勝.

그러므로 승리를 아는 것이 다섯 있다. 그로써 더불어 싸울 수 있고,
그로써 더불어 싸울 수 없음을 아는 자는 이긴다. 중과(衆寡)의 용(用)
을 아는 자는 이긴다. 상하 하고자 함을 한가지로 하는 자는 이긴다. 우
(虞)로써 불우(不虞)를 기다리는 자는 이긴다. 장수 능하고 임금 제어하
지 않는 자는 이긴다.

[解義] 싸우기 전에 우선 군의 승리를 아는 방법이 있다. 그
것은 다섯 가지—

① 그로써 더불어 싸울 수 있고, 그로써 더불어 싸울 수 없
음을 아는 자는 이긴다(知可以與戰, 不可以與戰者勝).

어떠한 경우에 싸우느냐, 어떠한 경우에 싸워서는 안되느냐의 그 취사 결정 판단을 할 수 있는 자는 이긴다.

② 중과의 용을 아는 자는 이긴다(識衆寡之用者勝).

큰 군사를 쓰는 데는 큰 군사를 쓰는 법칙이 있고, 적은 군사를 쓰는 데는 적은 군사를 쓰는 법칙이 있다. 그 운용방법 여하를 식별할 수 있는 자는 이긴다.

③ 상하 하고자 함을 한가지로 하는 자는 이긴다(上下同欲者勝).

하고 싶은 것이 같고 욕망이 같다고 하는 것은 상하가 마음이 하나다 하는 말이다. 즉, 장병이 인화(人和)를 잘 얻어 사생(死生)을 같이 할 수 있느냐 없느냐, 그 뜻이 강성하냐 아니하냐 하는 데 승패의 분기점이 있다.

④ 우로써 불우를 기다리는 자는 이긴다(以虞待不虞者勝).

우(虞)는 염려, 삼간다는 뜻으로 사물에 조심성이 있다는 말, 즉 미리 준비되어 있는 자가 준비되어 있지 않은 자를 공격하면 반드시 이긴다.

사실 너무도 당연한 이야기다. 그러나 이토록 당연한 얘기도 실제에 있어선 사람의 긴장도, 또는 그 정신적 자세 여하에 따라 양쪽이 맞딱뜨렸을 때 어느 한쪽에 반드시 강약, 후박(厚薄)의 차가 있는 법이다. 손자는 그것을 우불우(虞不虞)란 말로 지적했다.

⑤ 장수 능하고 임금 제어하지 않는 자는 이긴다(將能而君不御者勝).

유능한 장수일 때 군주가 이것을 안에서 구속하거나 간섭하지 않으면 이긴다. 이것은 벌써 몇 번 나온 말이다.

故曰, 知彼知己百戰不危, 不知彼而知己一勝一負. 不知彼
不知己每戰必殆.

그러므로 말하되, 저를 알고 나를 알면 백 번 싸워 위태하지 않다. 저
를 모르고 나를 알면 한 번 이기고 한 번 진다. 저를 모르고 나를 모르면
매양 싸워 반드시 위태하다.

注 ◆ 매양 싸워 반드시 위태하다(每戰必殆) ⇨ 殆는 위태하다는 것.
형세가 위태하다는 말과 같음.

解義 요컨대 승패의 분기점은 깊이 적을 알고 또 나를 아
는 데 있다.

이 구절은 예로부터 널리 알려져 누구나 흔하게 쓰는 말이
다.

저를 알고 나를 알면 백 번 싸워 위태하지 않다(知彼知己百
戰不危)—

참으로 만고(萬古)의 진리다.

첫째 남을 알고 나를 알면 백 번 싸워도 위험할 것 없으나,
둘째 나만 알고 남을 모르면 싸움은 이겼다 졌다 일승일패 전
혀 예측 불허하지만, 그러나 셋째 남도 모르고 나도 모르고 그
저 닥치는 대로 싸우는 것이라면 이것은 병가(兵家)에서 아예
논외(論外)로 친다. 그런 전쟁은 싸울 때마다 반드시 위태롭고
가망이 없다.

4. 군형(軍形)

　지금까지 위의 세 편(篇)은 말하자면 이 책의 총론 부분이다. 여기서부터는 전투의 각론(各論)에 들어가 편을 거듭하면서 각기 공수(攻守)의 원리를 연구해 간다.

　전투의 요결(要訣)은 우선 무엇보다도 불패(不敗)의 위치를 확보하고 그런 뒤에 적의 패형(敗形)을 타고 들어야 한다. 이것으로 통칙을 삼는다는 것이 이 군형 편(軍形篇)의 주요 내용이다. 그 자세한 의미, 요목에 대해선 부디 통독, 음미하여 독자 스스로 창의하고 연구해야 한다.

　「무형(無形)의 형(形)」, 그것이 군형(軍形)의 이상(理想)이다.

孫子曰, 昔之善戰者, 先爲不可勝, 以待敵之可勝.
손자 말하되, 옛날의 잘 싸우는 자는 먼저 이길 수 없도록 하고, 그로써 적에게 이길 수 있음을 기다린다.

　注 ◆ 爲不可勝 ⇨ 자기를 이길 수 없는 것을 말한다. ◆ 待敵之可勝 ⇨ 나아가서 적에게 이길 만한 虛가 생기는 것을 기다린다는 뜻.

　解義 이것은 이 한 편의 취지를 거의 요약해 놓은 말이다.

　무릇 선전(善戰)의 요결은 무엇보다도 먼저 자기를 이기지 않으면 안 되고, 그런 뒤 적의 패형(敗形)이 생기는 것을 기다려서 그것을 놓치지 않고 타고 들어야만 한다.

　이러한 본말관계(本末關係)를 밝히는 것이 승패를 결정하는 근본이 된다.

不可勝在己. 可勝在敵. 故善戰者, 能爲不可勝, 不能使敵之必可勝.

　이길 수 없음은 나에게 있다. 이길 수 있음은 적에게 있다. 그러므로 선전자(善戰者)는 능히 이길 수 없음을 하고, 적으로 하여금 반드시 이길 수 있게 하지 못한다.

　　◆ 이길 수 있음은 적에게 있다(可勝在敵) ⇨ 이길 수 있는 虛는 적측에서 생긴다는 뜻. ◆ 적으로 하여금 반드시 이길 수 있게 하지 못한다(不能使敵之必可勝) ⇨ 일부러 이길 수 있는 적의 허를 무리하게 끌어내는 것은 불가능하다는 뜻. 즉, 너무 이기는 데만 급급해서 무리한 술책을 쓰는 것을 경계한 말.

　　〔解義〕 대체로 자기를 이길 수 있게 하느냐 못하느냐 하는 것은 오직 자기의 노력 여하에 달려 있다고 하겠다. 그러나 나아가서 타고 들어야 할 적의 허는 적측에서 생기는 것이니 이쪽의 힘으로 자유롭게 끌어낸다는 것은 불가능하다.

　따라서 선전(善戰)의 요결은 우선 노력해서 이쪽의 군형(軍形), 군용(軍容)을 이길 수 없는 것으로 만든다. 그리고, 이쪽의 힘이 미치지 못하는 적의 허를 무리하게 구하려는 따위의 무모한 짓은 아예 하지 않는다.

이 두 가지가 근본이다.

故曰. 勝可知. 而不可爲.

그러므로 말하되, 승(勝)은 알 것이다. 그리하여 해서는 안 된다.

　解義　그러니 승산의 유무는 자기의 힘을 돌아보고 스스로
예지(豫知)할 수는 있어도 적에게 파고 들어갈 허가 없을 땐
무리하게 승리를 끌어낼 수는 없다. 이쪽이 유리한 태세라 해
서 그것이 곧 승리를 가져오는 것은 아니다.

不可勝者, 守也. 可勝者, 攻也. 守則不足. 攻則有餘.

이길 수 없는 것은 수(守)이다. 이길 수 있는 것은 공(攻)이다. 지키
는 것은 즉 부족한 때문이다. 치는 것은 즉 남음이 있는 때문이다.

　解義　말하자면 이쪽의 힘이 아직도 적에게 이길 수 없을
땐 물러나서 수세(守勢)를 취하고, 반대로 나아가서 적에게 이
길 수 있는 자신을 얻었을 때 기회를 잃지 않고 공격으로 나선
다. 이것이 승리에 대한 정석이다.
　원래 수세는 공세(攻勢)로 나가기는 힘이 부족할 경우, 공세
는 적에 대해서 스스로 여력이 남아돈다고 인정될 때, 바로 그
때 각기 타당한 태세를 결정해야 하는 것이다.

善守者, 藏於九地之下, 善攻者, 動於九天之上. 故能自保
而全勝也.

잘 지키는 자는 구지(九地)의 아래에 감추고, 잘 치는 자는 구천(九

天)의 위에 움직인다. 그러므로 능히 스스로 보전하고 승(勝)을 온전하
게 한다.

註 ◆ 九地 ⇨ 땅의 가장 낮은 곳. 九天의 반대. ◆ 九天 ⇨ 하늘 중
가장 높은 곳. 구지의 반대.

解義 요컨대 이러한 공수(攻守)의 양도(兩道)는 두가지가
다 매우 어려운 일이다. 그러나 요약해서 말하면, 잘 지키는
길은 가령 땅속 깊이 숨어 공격하는 자로 하여금 어디에 공격
의 초점을 두어야 하는가를 모르게 하는 데 요체(要諦)가 있
고, 또 잘 공격하는 자는 가령 하늘 높이 비상해서 지키는 자
로 하여금 어디에 방어점을 두어야 하는가를 모르게 하는 데
특색이 있다 하겠다.

말하자면 이러한 비기(秘機), 묘체(妙諦)에 달할 때 비로소
공수 양도에 처할 수 있고, 또 자기를 보전하고 전승(全勝)을
거둘 수 있는 것이다.

見勝不過衆人之所知, 非善之善者也. 戰勝而天下曰善, 非
善之善者也. 故擧秋毫不爲多力. 見日月不爲明目. 聞雷霆不
爲聰耳. 古之所謂善戰者, 勝於易勝者也. 故善戰者之勝也,
無智名, 無勇功.

승(勝)을 보는 것 중인(衆人)의 아는 바에 지나지 않음은 선(善)의
선한 자가 아니다. 싸움에 이기고 천하 선하다 하는 것은 선의 선한 자가
아니다. 그러므로 추호(秋毫)를 드는 것을 힘이 많다 하지 않는다. 일월
(日月)을 보는 것을 밝은 눈이라 하지 않는다. 뇌정(雷霆)을 듣는 것을
밝은 귀라 하지 않는다. 옛날의 이른바 잘 싸우는 자는 이기기 쉬운 데

이기는 자다. 그러므로 선전자(善戰者)의 이기는 것이란 지명(智名)도
없고, 용공(勇功)도 없다.

◆ 중인의 아는 바(衆人之所知) ⇨ 누구라도 알 수 있는 것. 즉 지
극히 평범하다는 뜻. ◆ 秋毫 ⇨ 가을에 바뀌 나는 짐승의 털. 매
우 미소(微小)하다는 비유. ◆ 雷霆 ⇨ 천둥. ◆ 聰耳 ⇨ 귀가 밝
은 것. 밝은 귀. ◆ 智名 ⇨ 智將의 명성·명예. 명장의 뜻과 같음.
◆ 勇功 ⇨ 勇將으로서의 혁혁한 武勳.

[解義] 원래 기(機)나 기미(機微)를 본다는 것은 도저히 말
로는 표현하기 어렵다. 그것은 예감이고, 그 예감이 보통 지극
히 평범한 것이라면 선지선(善之善)이라 할 수는 없는 것이 아
니겠는가.

또 가령 이와 똑같이, 빛나는 전승(戰勝)을 얻어 천하 만인
의 눈에 그것이 혁혁한 승리로 보이고, 누구라도 그 위공(偉
功)을 찬미하지 않을 수 없는 것과 같은 승리는 역시 선지선이
라 할 수 없다.

왜냐하면 그러한 분명한 승리는 명인(名人)의 눈으로 본다
면 그 어딘가에 반드시 우연한 것, 요행한 것이 없지 않기 때
문이다. 가령 사람들이 가장 가볍다고 하는 추호(秋毫) 같은
것을 집어든다고 해서 그것이 힘자랑이 될 수 없다. 태양이나
달이 보인다는 것만으로 눈 자랑은 될 수 없다. 또 천둥소리가
들린다고 해서 그것이 귀의 자랑은 될 수 없다.

그와 마찬가지로 예로부터 명장이란 이름을 가진 자는 남이
보지 못하는 데서 전기(戰機)가 미동하는 것을 직감하고, 그
이기기 쉬운 곳, 바꿔 말하면 적의 패형(敗形)의 싹이 엿보이

는 곳을 찾아내서 기회를 놓치지 않고 그것을 타고 들어가 깨
끗이 승리를 가져온다. 그런 승리이니 명인의 승리는 좀처럼
중인(衆人)의 눈에는 띄지 않는다.

　따라서 잘 싸우는 선전자(善戰者)의 승리는 세속 일반으로
보면 하등의 눈부신 지모(智謀) 같은 것도 없고, 또 표면에 나
타나는 별로 이렇다 할 용감스러운 공명(功名)조차 전해지지
않는다.

故其戰勝不忒. 不忒者, 其所措勝. 勝已敗者也.

그러므로 그 싸움 이겨 틀리지 않는다. 틀리지 않는 것은, 그 두는 바
이긴다. 이미 패한 자에 이기는 것이다.

　　⊙ ◆ 틀리지 않는다(不忒) ⇨ 忒(특)은 틀린다. 변한다. 不忒은 하는
　　　일에 틀림이 없다는 뜻. ◆ 이미 패한 자(已敗者) ⇨ 싸우기도 전
　　　에 벌써 패한 자를 말함.

　　[解義] 따라서 명인(名人)의 승리는 처음부터 결코 잘못됨
이 없다. 계산이 들어맞고, 그 정확한 계산이 특징이다. 그가
손을 쓸 때면 벌써 이기고 있다. 이겨놓고 손을 쓴다.

　말하자면 이미 진 자에게 이기는 것이니, 모든 행동에 억지
가 없고, 따라서 그 쓰는 방법에도 요행이나 우연한 것을 바라
는 따위는 결코 없다.

故善戰者, 立於不敗之地, 而不失敵之敗也.

그러므로 잘 싸우는 자는 불패(不敗)의 땅에 서고, 그리하여 적의 패
(敗)를 잃지 않는다.

㉿ ◆ 불패의 땅(不敗之地) ⇨ 참으로 묘미있는 말이다. 즉 필승의 입장을 말한다. ◆ 적의 패를 잃지 않는다(不失敵之敗) ⇨ 기미를 잃지 않고, 적의 패형을 놓치지 않는다는 뜻.

[解義] 따라서 선전(善戰)의 요결(要訣)은 먼저 불패(不敗)의 땅, 즉 남이 이길 수 없는 불발(不拔)의 위치를 차지하고, 그런 연후에 적의 패형을 간파하여 기회를 잃지 않고 일시에 타고든다.

이것이 제일의 비결이다.

是故, 勝兵先勝而後求戰, 敗兵先戰而後求勝.

이러하니, 승병(勝兵)은 먼저 이기고 뒤에 싸움을 구하고, 패병(敗兵)은 먼저 싸우고 뒤에 승리를 구한다.

[解義] 이 구절은 「손자」에서 명문(名文)으로 알려져 있다.

위에서 보는 바와 같이 승자와 패자를 비교하건대 이것은 명백한 차이가 있다. 즉 승병(勝兵)은 벌써 싸우기 전에 분명한 승산을 쥐고 있고, 그런 뒤 싸움을 구한다. 그러나 이와는 반대로 패자는 사전에 아무런 승산도 없이 먼저 싸우고, 그런 뒤 전투의 귀추를 보아가며 승리를 구한다.

다시 말하면 승병은, 사전에 인사(人事)를 다하지만, 패병은 사후에 천우(天祐)를 기다리며 그것을 요행으로 삼는다. 승리의 조건이 처음부터 명백하다.

善用兵者, 修道而保法. 故能爲勝敗之政.

잘 용병(用兵)하는 자는, 도를 닦고 법을 보전한다. 그러므로 능히 승패의 정치를 한다.

주 ◆ 修道 ⇨ 道는 兵法의 도. 즉, 「손자」 이전부터 고대 중국에 전
해진 병법의 원리 원칙을 말한다. 그것은 「始計篇」 五事에 나온다.
그것을 닦는다는 뜻. ◆ 법을 보전한다(保法) ⇨ 원칙에 따른다는
뜻. ◆ 승패의 政 ⇨ 승패의 지배권. 즉, 승패의 열쇠를 쥔다는 것.

[解義] 용병(用兵)의 도(道)에 대해선 예로부터 여러 가지
따라야 할 순서 법칙이 정해져 있다. 그래서 (始計篇 참조) 선
장(善將)은 일찍부터 고도(古道)를 닦아, 그 법칙, 그 원칙에
따르므로 스스로 전장(戰場)에 나가서도 잘 승패의 열쇠를 쥐
기에 이른다.

兵法, 一曰度. 二曰量. 三曰數. 四曰稱. 五曰勝. 地生度,
度生量, 量生數, 數生稱, 稱生勝.

병법은, 1에 말하되 도(度). 2에 말하되 양(量). 3에 말하되 수(數).
4에 말하되 칭(稱). 5에 말하되 승(勝). 지(地)는 도를 낳고, 도는 양을
낳고, 양은 수를 낳고, 수는 칭을 낳고, 칭은 승을 낳는다.

[解義] 고래의 병법에는 ① 도(度), ② 양(量), ③ 수(數),
④ 칭(稱), ⑤ 승(勝) — 이상의 다섯 가지 법칙을 들고 있다.
① 지는 도를 낳는다(地生度).
도(度)란 척도(尺度)의 뜻. 즉, 토지 측량용의 기구 일체를
두고 하는 말이다.
용병(用兵)에 있어선 우선 먼저 도를 사용해서 전지(戰地)
의 원근, 험난함, 기타 지형・지리 등을 연구해야만 한다. 그래

서 지(地), 즉 땅에는 우선 도가 아니면 안 된다고 했다.

② 도는 양을 낳는다(度生量).

양(量)은 용량의 양. 전지의 측정이 끝나면 다음에는 그 전지에 들어갈 병수(兵數)의 많고 적음을 가늠해야 한다.

예를 들어 평지에는 대병(大兵)을 쓸 수가 있고, 험지(險地)에선 대병으론 안 된다 하는 것을 아는 일이다.

③ 양은 수를 낳는다(量生數).

이렇게 해서 전지의 용량이 분명해지면, 다음에는 적의 병력에 따라 배치해야 할 이쪽의 적당한 병수를 가늠한다.

④ 수는 칭을 낳는다(數生稱).

칭(稱)은 저울 칭(秤)과 통함. ③에 의해서 이쪽 저쪽의 숫자상 실세력(實勢力)을 알았으니, 이제는 가량 병기의 우열, 땅의 이불리(利不利) 등 말하자면 승패의 주요인이 되는 모든 것에 대해서 피아의 득실을 비교 계량(計量)해야 한다.

칭은 그것을 말한 것.

⑤ 칭은 승을 낳는다(稱生勝).

이상으로 이쪽 저쪽을 비교하고 그 승패의 주요소를 비교 검토해왔는데, 그렇게 하면 승산의 유무, 다소는 자연 분명해지는 것이 아니겠는가. 즉, 이것이 칭은 승리를 낳는다고 하는 이유다.

이상 다섯 가지를 또 국토의 면적·자원·인구·군사력·승패로 나눠서 생각할 수도 있다.

故勝兵若以鎰稱銖, 敗兵若以銖稱鎰.

그러므로 승병(勝兵)은 일(鎰)로써 수(銖)를 재는 것과 같고, 패병

(敗兵)은 수로써 일을 재는 것과 같다.

> 㴭 ◆ 鎰 ⇨ 고대 중국에서 금화를 재던 量名. 一鎰은 24냥쭝. 일설에
> 는 30兩, 또는 20兩이라고도 함. ◆ 銖 ⇨ 저울 눈. 1냥의 24분의
> 1에 해당한다고 함. 뜻이 바뀌어 사물이 지극히 輕少하다는 뜻. ◆
> 稱 ⇨ 저울, 저울질한다. 헤아린다.

> 解義 따라서 위의 원칙을 밟아 확고한 승산 아래 움직이
> 는 승병(勝兵)과 다만 요행만을 바라는 패병과는 마치 일(鎰)
> 과 수(銖)를 저울에 올려 재는 것과 같은 것으로서 도저히 형
> 평을 이룰 수 없는 것은 처음부터 명백하다.
> 　승병과 패병은 이토록 차이가 있다.

勝者之戰, 若決積水於千仞之谿者, 形也.

승자의 싸움, 적수(積水)를 천 길의 시내에 터놓는 것과 같은 것은,
형상[形]이다.

> 㴭 ◆ 積水 ⇨ 연못이나 호수와 같은 산중의 깊은 물을 말함. ◆ 천인
> 의 시내(千仞之谿 ⇨ 仞은 여덟 자[尺]. 따라서 千仞은 8천 자에
> 해당하는 것이지만 하나의 誇張法. 명장의 戰勢를 奔流, 격랑의 猛
> 威에 비유한 것.

> 解義 요컨대 승자의 전법이란 산중 높이 있는 호수의 물
> 을 천 길 아래 골짜기로 내리쏟는 것과도 같다.
> 　그 힘을 보라. 닿는데 부서지지 않는 것은 없고, 향하는데
> 적이 있을 수가 없다. 그것은 승자가 불패(不敗)의 군형(軍形)

을 가지고 이미 패해버린 적에게 임하기 때문이다.

한마디로 말해서 먼저 군용(軍容)을 정돈하고, 사전에 불패의 위치를 차지해서 적의 패형(敗形)에 타고드는 것만이 공수 양도(攻守兩道)에 처하는 요결이다. 그 여하에 따라 승패는 좌우된다.

5. 병세(兵勢)

병세(兵勢)는 군이 적을 압도하는 위력이고 형세이다. 여기선 용병자(用兵者)가 이 형세를 쥐고 발동하는 원리를 연구하는 것인데, 저 유명한 정(正)·기(奇)의 두 말을 창안해 냈고, 또 「무릇 싸움은 정(正)으로써 모으고 기(奇)로써 이긴다」라는 이름 높은 단안을 내렸다.

이 정과 기, 두 가지의 변화 활용을 논한 것이 바로 이 병세편이다. 말하자면 이 편은 기정(奇正)을 논한 기정편이라고나 할까. 그 설(說)의 기(奇)와 문(文)의 묘(妙)는 들어가면서 자연 분명해질 것이다.

정(靜)을 동(動)에, 형(形)을 세(勢)에 전화(轉化) 시키는 방법— 그 방법은 어떻게 하면 좋을까.

孫子曰, 凡治衆如治寡, 分數是也. 鬪衆如鬪寡, 形名是也. 三軍之衆, 可使必受敵而無敗者 奇正是也. 兵之所加, 如以碬投卵者, 虛實是也.

손자 말하되, 무릇 중(衆)을 다스리는 것, 과(寡)를 다스리는 것은, 분수(分數) 이것이다. 중을 싸우게 하는 것, 과를 싸우게 하는 것은 형명(形名) 이것이다. 삼군(三軍)의 중, 반드시 적을 받아 패(敗)가 없게 할 수 있는 것은, 기정(奇正) 이것이다. 병의 더하는 바, 숫돌을 달걀에 던지는 것과 같은 것은 허실(虛實) 이다.

囷 ◆ 分數 ⇨ 分은 상하의 신분, 즉 軍의 官制·職制를 가리키고, 數
는 부대의 編制와 정원수 따위를 가리킴. ◆ 形名 ⇨ 形은 사람의
視覺에 호소해서 명령을 전하는 도구, 가령 깃발 같은 것. 名은 사
람의 청각에 호소해서 명령을 전하는 도구, 가령 고대의 金鼓같은
것을 가리킴. ◆ 正奇 ⇨ 다음 단에 내려가면 자연 알게 됨. ◆ 瑕
⇨ 숫돌. 礪石, 砥石과 같음. 굳다는 비유. 孫星衍의 「岱南閣本」에
는 瑕의 誤字일 것이라고 나온다. ◆ 虛實 ⇨ 다음 편에 자세하게
나온다.

┌─────┐
│ 解義 │ 우선 용병(用兵)의 실제 운용에 대해, ① 분수(分數)
└─────┘
② 형명(形名) ③ 기정(奇正) ④ 허실(虛實)의 네 가지 요목이
있다는 것을 들었다.

즉—

① 중을 다스리는 것, 과를 다스리는 것과 같은 것은, 분수
이것이다(治衆如治寡, 分數是也). 군대와 같은 사회의 온갖 계
급·직업에 있는 자를 통틀어서 하나로 묶은 대집단을 통어(統
御)하기 위해선 먼저 군의 관제(官制)·편성(編成) 따위를 확
립하고, 이로 하여금 체계가 서고 조직이 있는 것으로 만들어
야만 한다. 그것이 무엇보다도 중요하다. 따라서 이러한 일반
적인 원리를 맨 처음에 든 것인데, 이것만 확립되면 대군(大
軍)을 통솔하는 것도 소수를 통솔하는 것이나 다름이 없다.

가령 중국의 고제(古制)에는 5인을 오(伍)로 해서 여기에
오장(伍長)을 두고, 25인을 양(兩)으로 해서 여기에 사마(司
馬)를 두고, 1백 인을 졸(卒)로 해서 여기에 졸장(卒長)을 두

고, 5백 인을 여(旅)로 해서 여기에 사(師)를, 5려를 사로 해서 여기에 수(師)를, 5사를 군(軍)으로 해서 여기에 장(將)을, 그리고 삼군(三軍) 3만7천5백 인에 대장(大將) 한 사람을 두는 제도가 있었다. 이것이 여기서 말하는 분수(分數)이다. 말하자면 일사불란한 지휘계통을 확립해야만 한다.

② 중을 싸우게 하는 것, 과를 싸우게 하는 것과 같은 것은 형명 이것이다(鬪衆如鬪寡, 形名是也).

그러면 다음에는 전선(戰線)에 서서 실제 전투를 지휘하기 위해 명령 전달의 기구, 기관을 정비하지 않으면 안 된다.

이것이 두번째 요항으로, 명령 전달 기관에는 사람의 시각에 호소하는 것과 청각에 호소하는 것, 두 가지가 있다. 형(形)은 전자에 속하고, 명(名)은 후자에 속한다.

가령 지금의 신호기와 같은 것을 가지고 하는 방법은 형의 주요한 것. 반면 나팔이나 전령(電鈴)이나 무전·전화 따위와 같은 것은 명의 주요한 것이다.

③ 삼군의 중, 반드시 적을 받아 패가 없게 할 수 있는 것은, 기정 이것이다(三軍之衆, 可使必受敵而無敗者, 奇正是也).

셋째는 기정(奇正)이다. 이것은 군이 적을 맡아 반드시 패함이 없도록 하는 방법, 즉 백전백승(百戰百勝)을 얻는 방법을 설명한 것이다. 기정의 의미에 대해선 다음 단에 설명이 나온다.

④ 병의 더하는 바, 숫돌을 달걀에 던지는 것과 같은 것은, 허실 이것이다(兵之所加, 如以碬投卵者, 虛實是也).

넷째는 허실(虛實). 이것은 군사가 가는 곳은 마치 숫돌로써 달걀을 치는 것과 같다고 형용을 했다.

그런데, 이 허실에 대해선 다음에 따로 한 편을 잡아 특별히 연구해 놓았다.

한마디로 말해서 변환자재(變幻自在)한 전술이어야만 한다. 실(實), 즉 충실한 전력(電力)으로 허(虛), 즉 허술한 적을 친다. 바로 그것이다.

凡戰者, 以正合, 以奇勝.

무릇 싸움은 정(正)으로써 모으고, 기(奇)로써 이긴다.

[解義] 이 한 구절은 예로부터 자못 유명한 말이다. 따라서 정기(正奇)에 대한 해석도 가지가지―간단히 말해서, 군의 자수(自守)를 주로 하는 행동은 정(正)에 해당하고, 공격을 주로 하는 행동은 기(奇)에 해당한다고 보면 틀림없다.

다시 말하면, 전투의 요령은 적과 상대해서 먼저 스스로 불패(不敗)의 위치를 차지하고, 그런 뒤에 기로써 이긴다. 일격으로 단박에 적의 목을 눌러버리는 데 필승의 길이 있다.

그런데―

정・기 이 두 말은 하나의 술어로서 보아야 하고, 단순히 이것을 글자의 뜻대로만 해석해서는 안 된다. 특히 기를 기모(奇謀), 기책(奇策), 기술(奇術) 등의 「기」라고 해석하는 설도 있는데, 이것은 잘못이다.

故善出奇者, 無窮如天地, 不竭如江海. 終而復始, 日月是也. 死而更生, 四時是也.

그러므로 기(奇)를 잘 내는 자는 무궁하기 천지와 같고, 다하지 않기

강해(江海)와 같다. 끝나고 다시 시작하는 것은 일월(日月) 이것이다. 죽고 다시 사는 것은 사시(四時) 이것이다.

> ◈ 끝나고 다시 시작한다(終而復始) ⇨ 해나 달이 서쪽으로 없어졌다가는 다시 동쪽으로 나와 운행을 정지하지 않는다는 것을 가리킨 말. ◈ 죽고 다시 산다(死而更生) ⇨ 死生은 去來와 같다. 四時가 순환 거래하는 것과 같다는 뜻.

解義 따라서 기(奇)를 잘 부리는 자는 즉 이 방면의 천재가 임기응변으로 적의 허를 찌르고, 이로 하여금 정신을 못 차리게 하는 것은, 말하자면 천지가 무궁한 것과 같으며, 강해(江海)의 물이 마르지 않는 것과 같고, 일월(日月)의 운행이 정지하지 않는 것과 같고, 또 사시(四時)가 순환해서 그치지 않는 것과 같다.

이토록 그것은 무궁무진한 술법이다. 아무리 형용을 해도 다할 수가 없을 정도다. 요컨대 명장의 일동일정(一動一精)은 언제나 남을 놀라게 하고 엄청나서 평범한 인간들로는 도저히 측량할 방법조차 없다.

聲不過五, 五聲之變, 不可勝聽也. 色不過五, 五色之變, 不可勝觀也. 味不過五, 五味之變, 不可勝嘗也. 戰勢, 不過奇正, 奇正之變, 不可勝窮也. 奇正相變, 如循環之無端. 孰能窮之哉.

소리는 다섯에 지나지 않으나, 오성(五聲)은 다 들을 수 없다. 빛은 다섯에 지나지 않으나, 오색(五色)의 변은 다 볼 수 없다. 맛은 다섯에 지나지 않으나 오미(五味)의 변은 다 맛볼 수 없다. 전세(戰勢)는 기정

(奇正)에 지나지 않으나 기정의 변은 다 궁진할 수 없다. 기정 상변(相變)하는 것, 순환의 끝이 없는 것과 같다. 누가 능히 이를 다할 것인가.

[解義] 여기선 여러 가지 비유를 들어서 기정(奇正)의 변화와 활용에 대해 설명했다. 이것은 일종의 호흡이나 기분, 영감이라고나 할까. 요컨대 각자의 비밀이어서 그 설명 같은 것도 역시 예로부터 남이 모르게 비전(秘傳)해 내려오는 것이 보통이다.

① 소리는 다섯에 지나지 않으나 오성의 변은 다 들을 수 없다(聲不過五, 五聲之變, 不可勝聽也).

오성(五聲)은 중국 음악에서 음계의 이름. 즉, 중국 음악에선 음계를 다섯 단(段)으로 나누고, 이것을 궁(宮)·상(商)·각(角)·치(徵)·우(羽)로 각기 이름을 달고 있다.

이것이 오음(五音), 또는 오성이다.

그런 미묘한 음악의 음색(音色)은 도저히 그것을 모두 다 듣고 감상할 수 없을 정도로 많은 곡보(曲譜)나 곡조(曲調)가 있으나 그 근본을 캐면 그것은 이 오성의 해조(諧調), 변화에 지나지 않는다.

군사의 운용(運用)도 마찬가지다. 그것이 천변만화(千變萬化)라고는 하지만 그 근본을 따지면 역시 이 기정(奇正)의 변화 활용에 지나지 않는다.

다음도 이와 똑같은 문체로 나간다.

② 빛은 다섯에 지나지 않으나, 오색의 변은 다 볼 수 없다(色不過五, 五色之變, 不可勝觀也).

중국에선 예로부터 색소(色素)를 청·적·백·황·흑의 다섯 종류로 나누고 이것을 오색이라 해왔다.

그런 우주 만유(萬有)의 색채는 천차만별하고, 가지가지여서 그 종별을 도저히 전부 볼 수는 없다. 그러나 그 근본을 따지면 이상 오색의 혼합 변화에 지나지 않는다. 병(兵)의 운용도 이와 마찬가지여서 역시 정기(正奇) 두 가지에서 나오는 것뿐이다.

③ 맛은 다섯에 지나지 않으나, 오미의 변은 다 맛볼 수 없다(味不過五, 五味之變, 不可勝嘗也).

중국에선 예로부터 맛을 단맛[甘味], 신맛[酸味], 짠맛[鹹味], 매운맛[辛味], 쓴맛[苦味]의 다섯 종류로 나누고, 이것을 오미(五味)라 불러온다.

그런데 사람의 미각에 오르는 조미(調味)의 품종은 이 또한 도저히 그 전부를 맛볼 수 없다. 그러나 그 근본은 이상 오미의 조합(調合) 변화에 지나지 않는다.

병의 운용도 또 역시 이와 같다. 오직 정기 둘 중에서 나온다.

④ 전세(戰勢)는 기정(奇正)에 지나지 않으나, 기정의 변은 다 궁진할 수 없다. 기정 상변(相變)하는 것, 순환의 끝이 없는 것과 같다. 누가 능히 이를 다할 것인가(戰勢, 不過奇正, 奇正之變, 不可勝窮也. 奇正相變, 如循環之無端. 孰能窮之哉).

위에서 든 여러 가지 비유와 마찬가지로 전세, 즉 병의 운용도 천변만화라고는 하지만 그 근본은 오직 기정에서 나올 뿐이다. 참으로 기(奇)에서 정(正)으로 들어가고 정에서 기로 나오고, 이렇게 해서 이 양자가 서로 의지하고 서로 변하니, 그것은 마치 돌고 돌아 끝이 없는 것과 같다.

그 변화 활용의, 그 수법은 누구라도 다 써버릴 수는 없다.

변화는 무한하고 수법은 무궁무진하다.

激水之疾, 至於漂石者, 勢也. 鷙鳥之疾, 至於毀折者, 節
也. 故善戰者, 其勢險, 其節短.

격수(激水)의 급한 것, 돌을 떠내려보냄에 이르는 것은 세(勢)이다.
지조(鷙鳥)의 급한 것, 훼절(毀折)에 이르는 것은 절(節)이다. 그러므로
잘 싸우는 자는 그 세가 험(險)하고 절이 짧다.

　◆ 激水 ⇨ 激流와 같음. ◆ 鷙鳥 ⇨ 독수리나 새매와 같은 억센
　猛禽類. ◆ 毀折 ⇨ 鷙鳥와 같은 무서운 새들이 목적물을 움켜 채
　서 그 뼈를 상하게 하거나 날갯죽지를 부러뜨리는 따위를 말함. ◆
　세는 험하고(勢險) ⇨ 형세가 험하다. 즉, 축적된 힘이 크고, 긴박
　한 상태를 말함. ◆ 절은 짧다(節短) ⇨ 거리가 짧다는 것. ◆ 故
　善戰者 ⇨ 위에 是가 붙어 「是故」로 나오는 원본도 있음.

　解義 여기선 다시 물과 새와 비유해서
　① 격수의 급한 것, 돌을 떠내려 보냄에 이르는 것은 세이다
(激水之疾, 至於漂石者, 勢也).
　물은 지극히 보드라운 것, 돌은 지극히 무거운 것. 따라서
이치로 따지면 물이 돌을 움직일 수 없는데도 격류의 물은 때
때로 그러한 돌까지도 떠내려 보낸다. 이것은 요컨대 물의 힘
이, 수세(水勢)가 그렇게 만드는 것이다.
　이와 같이 기회를 타서 기(奇)를 쓰면 격파하기 어려운 큰
적이라 하더라도 문제없이 격파할 수 있다.
　② 지조의 급한 것, 훼절에 이르는 것은 절이다(鷙鳥之疾,
至於毀折者, 節也).

지조라 하면 독수리나 새매 따위 억센 맹금류(猛禽類)를 가리킨다. 이러한 새들이 타고난 쾌속력을 이용해서 다른 조수류(鳥獸類)를 습격하고, 그래서 이것을 잡아누일 수 있는 근본은 역시 세(勢)의 힘이다.

여기서 절(節)이라는 글자는 잘 음미해둘 필요가 있다. 절은 원래 대〔竹〕의 「마디」를 뜻한다. 대는 이 마디가 있기 때문에 그 긴 속이 텅빈 줄기를 붙들어 세울 수 있다.

따라서 온갖 사물의 적도(適度), 또는 알맞은 상태를 나타내는 데 이 「절」이라는 글자를 쓴다. 절도(節度)·절개(節槪) 등 그런 말은 얼마든지 있다.

이제 여기서 나오는 「절」에 대해서 이야기한다면, 보통 독수리나 새매 등 무서운 맹금류가 목적물을 습격할 땐 자연 그 박격력(搏擊力)이 가장 유효한 거리, 즉 내 「몸」을 내던져서 적을 단박에 잡아누일 수 있는 아주 알맞은 거리를 정한다. 그런 본능이 있다.

이 본능이 그들에게 힘을 주고, 그래서 목적을 달성할 수 있게 하는데, 말하자면 이것이 여기서 말하는 절이다.

이때의 이 절, 즉 호흡조정이 또 기(奇)를 쓰는 데 요긴한 안목이기도 하다.

③ 그러므로 잘 싸우는 자는 그 세가 험하고 절이 짧다(故善戰者, 其勢險, 其節短).

그런지라 선전(善戰)의 요결(要訣)은 첫째 세를 충분히 쌓아놓을 것. 둘째 적당한 낌새를 보아서 세를 풀어 그 세에 따라 일격에 적을 잡아누일 것.

마치 격류가 일시에 쏟아내려 큰 돌까지도 떠내려보내고, 또

는 독수리나 새매 따위가 알맞은 거리에 육박해서 일시에 후려
치는 것과 같다. 그것이 승리의 요결이다.

勢如彍弩, 節如發機.

세(勢)는 쇠뇌를 당긴 것과 같고, 절(節)은 틀을 쏜 것과 같다.

㊟ ◆ 彍弩 ➪ 彍은 활을 당긴다는 뜻. 弩는 쇠뇌. 고대중국에서 사용
한 强弓. 弓身을 銃臺에 붙여서 만들었음. 發條機 장치로 화살을
쏘게 되어 있음. ◆ 發機 ➪ 機는 위의 發條機를 가리킴. 그 틀을
쏜다는 것.

解義 여기서 또 하나 비유해서 말하면, 병세(兵勢)란 마치
잡아당긴 활과 같아야 하고, 절(節)이란 사정거리를 재서 발조
기를 쏠 때의 그 기분, 그 자신이어야만 한다. 그 자신이 있으
면 명중은 틀림없다.

紛紛紜紜, 鬪亂而不可亂也. 渾渾沌沌, 形圓而不可敗也.

분분운운(紛紛紜紜), 싸움 혼란해도 어지럽힐 수 없다. 혼혼돈돈(渾渾
沌沌), 형상 둥글어도 패할 수 없다.

㊟ ◆ 紛紛紜紜 ➪ 紛紜과 같음. 사물이 혼란하고 뒤숭숭한 것. ◆ 渾
渾沌沌 ➪ 渾沌. 渾은 혼잡, 沌은 막혔다는 뜻. 용병(用兵)하는 솜
씨가 혼돈하고 군사의 배치가 맥락이 없는 상태를 가리킨 것임. ◆
형상 둥글다(形圓) ➪ 둥근 고리는 머리도 없고 꼬리도 없다. 이와
마찬가지로 군의 진퇴에도 머리나 꼬리를 찾을 수 없다는 것. ◆
也 ➪ 武經本, 平津本에는 이 글자가 없다.

解義 정기(正奇)가 쉴 새 없이 연발(連發)하는 명장(名將)의 전투방식에 대해서 여기서 또 하나 비유를 든다면, 가령 진형(陣形)도 대형(隊形)도 없고, 어지럽고 혼돈하고 도무지 포착하기 어려운 상태로 보인다고 하자.

그런데도 쳐서 이것을 격파하려고 들면 그 어딘가 통제가 있고, 침범하기 어렵다고 하자. 이것은 요컨대 정기의 활용이 그 사이에 흘러 통하고, 그 중심이 확고하게 움직이지 않는 데서 오는 결과이다.

어지러운 중에도 대오(隊伍)는 있다. 그것이 굳게 흔들리지 않아야 한다.

亂生於治, 怯生於勇, 弱生於彊.

난(亂)은 치(治)에서 나고, 겁(怯)은 용(勇)에서 나고, 약(弱)은 강(彊)에서 난다.

解義 그러나, 여기서 한번 생각할 필요가 있다. 위에서와 같이 일부러 정석을 벗어난 전법을 써서 표면상 분란의 군용(軍容)을 보여주거나, 또 혹은 일부러 겁약(怯弱)을 위장해서 적을 유도하는 것과 같은 방법은 조심해야만 한다.

이러한 방법은 통솔자의 머릿속에 참으로 명확한 기도(企圖)가 있어야만 하는 것이고, 또 그뿐 아니라 진짜 강하고 진짜 용감한 군대를 가지고 있지 않으면 안 되는 것이다.

즉, 난전(亂戰), 난투(亂鬪)의 전법은 참된 치(治)의 기도에서 나와야 하고, 또 겁약의 군형(軍形), 군용은 참된 용기, 참된 강한 군사가 있어야만 비로소 가능할 수 있다.

治亂數也. 勇怯勢也. 彊弱形也.

치란(治亂)은 수(數)이다. 용겁(勇怯)은 세(勢)이다. 강약은 형상이다.

[解義] 여기선 한 걸음 더 나아가 다시 군의 치란(治亂), 용겁(勇怯), 또는 강약의 원인에 대해서 손자가 독특한 관찰을 해놓았다.

① 치란은 수이다(治亂數也).

여기서 수(數)는 이 책에서 말하는 이른바 분수제(分數制), 즉 군의 관제(官制), 또는 편제(編制)에 대한 것을 가리킨다.

고대에 아직 상비군의 제도가 없던 시대에는 급하게 전운(戰雲)이 감돌면 우선 군의 편성이 무엇보다도 중요하고, 그것을 완전하게 한다는 것이 가장 급무(急務)였던 것은 더 말할 나위조차 없다.

따라서 군의 치란(治亂)은 맨먼저 분수제의 성공 여하에 달렸다고 했다. 통제력에 달렸다.

② 용겁은 세이다(勇怯勢也).

둘째는 군의 용겁(勇怯). 이것은 물론 국민성의 여하에도 달렸다. 그러나 환경에 크게 지배된다. 말할 것도 없이 사람은 환경의 동물이다. 따라서 세(勢)를 타면 겁자(怯者)도 용자(勇者)가 되고, 세를 잃으면 용자도 겁자가 되어버린다.

특히 군대 같은 것은 주로 통솔자의 지도정신에 지배되고, 그 용겁의 분기점은 미묘하기 짝이 없어서 이 점 군의 통솔자로선 가장 경계하지 않으면 안 된다.

③ 강약은 형상이다(彊弱形也).

군의 강약은 또 그 군형(軍形)에 있다.

군형이란 물론 군의 배치나 대비를 가리킨다. 그 군형, 군용
의 정돈 여하에 군의 강약이 달려 있다.

**故善動敵者, 形之, 敵必從之, 予之, 敵必取之. 以利動之,
以本待之.**

그러므로 적을 잘 움직이는 자는, 이(利)를 나타내면 적 반드시 이에
좇고, 이를 주면 적 반드시 이를 가진다. 이로써 이를 움직이고, 근본으
로써 이를 기다린다.

㊟ ◆ 이것을 나타낸다(形之) ⇨ 여기서 形은 나타낸다는 뜻. 現과 같
음. 나의 허실을 적에게 보이는 것. ◆ 이를 준다(予之) ⇨ 予는
여기서 준다(與)는 뜻. 取의 반대. ◆ 근본으로써 이를 기다린다
(以本待之) ⇨ 쌓아놓은 세를 풀어 적을 맞아 공격하는 것.

[解義] 따라서 적을 잘 조종할 줄 아는 선장(善將)은 군의
치란(治亂), 용겁(勇怯), 강약(彊弱) 등의 발생원리를 분명하
게 알아놓고, 여기에 따라서 적을 도모하는 비계(秘計)를 짜낸
다.

가령, 적에 대해서 일부러 패형(敗形)을 보여주거나, 또는
그 약점을 폭로하는 따위 외형을 보이면, 적은 그것이 유혹의
술책인 줄 모르고 반드시 이에 붙좇아온다. 뿐만 아니라 또,
적에게 어떤 전략상의 이익을 주었다고 하자. 그렇게 하면 적
은 또 이것이 작전상의 술책이란 걸 모르고 반드시 이에 매달
려온다.

요컨대 이(利)로써 적을 잘 움직이고, 그래서 그 움직여오는

적을 맞이해서 이쪽의 예봉(鋭鋒)을 나타내고, 그렇게 해서 이
것을 일격에 깨쳐 없애버리는 것은, 이 또한 기(奇)를 쓰는 또
하나의 요체(要諦)이다.

故善戰者, 求之於勢, 不責於人. 故能擇人而任勢.

그러므로 잘 싸우는 자는, 이를 세(勢)에 구하고 사람에 책하지 않는
다. 그러므로 사람을 잘 택하고 세에 맡긴다.

[解義] 용겁(勇怯)이 세(勢)에 달렸다는 것은 앞에서 설명
한 대로다.

따라서 선전(善戰)의 비결은 군의 전투력을 형세에 구하고
사람을 책하지 않는 것, 바로 그것이다.

선장(善將)은 각인(各人), 각 부대의 장점을 찾아서 적소에
배치하고, 그렇게 해서 힘차게 뻗쳐나가는 각자의 형세에 맡겨
스스로 분전(奮戰), 역투(力鬪)하도록 하는 방책을 쓴다. 말하
자면 개(個)보다 전체의 조화된 형세를 중시한다.

여기의 택(擇)은 역(斁)의 차자(借字)라는 설도 있다. 참고
삼아 말해두자.

또 「세에 구하고 사람에 책하지 않는다」라는 구절은, ≪사기
(史記)≫의 〈화식열전(貨殖列傳)〉에도 비슷한 말이 나오는데,
즉 월왕(越王) 구천(句踐)에게 종사하여 오(吳)나라를 격파한
범여(范蠡)라는 자가 나중에 벼슬을 그만두고 도(陶)라는 곳에
서 장사를 하여 돈을 많이 벌고 부자가 되었다. 그가 돈을 벌
기 위해 쓴 수법, 전략은 바로 이 구절과 같이 시류(時流)에
타고들었다는 것이다.

그래서 「생을 잘 다스리는 자는 사람을 잘 택하고 때에 맡긴
다(故善治生者, 能擇人而任時)」라는 치부원리(致富原理), 경영
전략(經營戰略)을 얻었다고 한다. 오늘의 눈부신 경제 전쟁시
대를 사는 사람들은 더구나 음미해둘 구절이다. 범여는 세 번
이나 천금(千金)을 이루었는데, 그때마다 그 돈을 가난한 사람
들에게 죄다 나눠주었다.

**任勢者, 其戰人也, 如轉木石, 木石之性, 安則靜. 危則動.
方則止, 圓則行.**

세(勢)에 맡기는 자는, 그 사람을 싸우게 하는 것, 목석(木石)을 굴리
는 것과 같다. 목석의 성품은 편안하면 고요하고, 위태하면 움직이고, 모
나면 그치고, 둥글면 간다.

[解義] 이것을 또 비유해서 말하면, 마치 목석 같은 것을 굴
리는 것과도 같다. 목석은 평지에선 자연 안정되고, 위지(危
地)에선 자연 굴러 움직인다. 또 이것이 모가 나는 각재(角材)
이면 지상에 정착해서 옮기는 데 힘이 들지만, 둥근 원재(圓
材)이면 쉽게 굴려 움직일 수가 있다.

뭣이든 자연의 세(勢)를 이용하는 것이 공을 이루는 첩경이
다.

故善戰人之勢, 如轉圓石於千仞之山者, 勢也.

그러므로 사람을 잘 싸우게 하는 세, 둥근 돌을 천 길의 산에 굴리는
것과 같은 것은 세이다.

[解義] 따라서 명장이 군사를 행하는 것은 마치 둥근 돌을

천 길이나 되는 산꼭대기에서 굴려 떨어뜨리는 것과도 같은데,
그렇게 맹위가 있는 것은, 말하자면 세가 차는 곳, 세가 격하
는 곳을 알아서 이를 잘 쓸 줄 알기 때문이다.

이야말로 참된 승리의 전법(戰法)이다.

6. 허실(虛實)

이 편은 앞의 병세편과 함께 두 편이 서로 자매편을 이루는 것으로, 예로부터 가장 뛰어난 명편(名篇)으로 알려져 있다.

그러면 허실이란 무엇인가. 허(虛)는 공허의 허에 해당하고, 실(實)은 충실의 실에 해당한다. 즉, 사물의 「틈」—그 틈이 있는 데가 허, 그 틈이 없는 데가 실이다. 인간의 정신은 개인적으로나 단체적으로나 끊임없이 긴장과 이완이 계속되고, 그래서 거기서 성공, 실패, 영고성쇠(榮枯盛衰)의 온갖 사회상이 생겨나기 마련이다.

말하자면 이러한 현상이 손자의 날카로운 병법안(兵法眼)에 비춰져서 이 한 편이 이루어졌고, 그래서 병(兵)의 요결(要訣)은 「실을 피해서 허를 치는 데 있다」고 하는 정칙(定則)이 얻어지기에 이르렀다.

이것이 오늘날에 있어서도 이 방면의 움직일 수 없는 철칙으로 되어 있다. 상대방의 힘, 욕망, 약점을 활용하라. 그래서 주도권을 잡아라. 이쪽이 집중하고 상대방을 분산시키면 소수라도 다수를 이길 수 있다.

孫子曰, 凡先處戰地, 而待敵者佚, 後處戰地, 而趨戰者勞, 故善戰者, 致人而不致於人.

손자 말하되, 무릇 먼저 전지(戰地)에 있고 적을 기다리는 자는 일(佚), 뒤에 전지에 있고 싸움에 달리는 자는 수고한다. 그러므로 잘 싸우는 자는 남을 이르게 하고 남에게 이르지 않는다.

㊟ ◆ 佚 ⇨ 일은 逸과 통함. 勞의 반대. 즉, 힘이 들지 않는 편안한 입장. ◆ 勞 ⇨ 佚의 반대. 힘이 드는 곤란한 입장. 지치고 고생스러운 처지.

解義 먼저 적에게 앞서서 전지를 차지하는 자는 주객(主客)의 세(勢)를 달리하는 것이므로 자연 편안한 입장에 있게 되지만, 적보다 늦어서 전지에 나아가는 자는 자연 지치고 곤란한 수동의 입장에 서게 된다.

따라서 선전(善戰)의 요결은 반드시 적을 오게 해서 알찬 실(實)의 위치를 차지하는 것이지 뒤늦게 적에게 가는 것과 같은 굼뜬 작전은 하지 않는다.

能使敵人自至者, 利之也, 能使敵人不得至者, 害之也

능히 적인(敵人)으로 하여금 스스로 이르게 하는 것은 이를 이롭게 하기 때문이다. 능히 적인으로 하여금 이르지를 못하게 하는 것은 이를 해치기 때문이다.

解義 따라서, 가령 예정된 작전지대가 있다고 하자. 스스로 이것을 선점하고, 여기에 적을 유치하려 할 경우엔 우선 이(利)로써 적을 유인한다.

반면 적으로 하여금 그 목적지에 이르지 못하게 할 경우엔 때와 장소에 따라 적절한 조치를 취하고, 그렇게 해서 그 진군

(進軍)을 중간에서 막아버린다. 그리하여 반드시 주동(主動)의
위치를 확보하지 않으면 안 된다.

故敵佚能勞之, 飽能饑之, 安能動之.

그러므로 적(敵)은 편안하면 능히 이를 수고롭게 하고, 배부르면 능히
이를 주리게 하고, 편안하면 능히 이를 움직인다.

> ㊟ ◆ 佚, 飽, 安 ⇨ 이것은 모두 實이 차는 것. 반대로 勞나 饑는 다
> 같이 虛가 있는 것. ◆ 편안하면 능히 이를 움직인다(安能動之) ⇨
> 적이 지구책을 취해서 견고한 보루에 안착했을 경우엔 반드시 이를
> 유혹해서 交戰하지 않을 수 없게 만드는 것.

> 解義 따라서 이제 만일 적이 실(實)의 위치를 차지하고
> 편안하게 이쪽을 기다릴 경우엔 반드시 그 차지한 실의 위치를
> 뺏은 뒤에 본공격을 가하는 것이 순서다.
> 편안한 것이나 배부른 것이나 다 실이 차 있는 것이다.

出其所不趨, 趨其所不意.. 行千里而不勞者, 行於無人之地 也.

그 달리지 않는 바에 나가고, 그 뜻하지 않는 바에 달린다. 천리(千
里)를 가도 지치지 않는 자는, 무인지지(無人之地)를 가는 것이기 때문
이다.

> ㊟ ◆ 無人之地 ⇨ 반드시 사람이 없는 땅을 말하는 것은 아님. 요컨
> 대 적의 저항이 가장 약한 지점을 가리킨다.

解義 말하자면 적의 허(虛)를 찌르는 제일의 요건은 적의 불의(不意)를 치는 것이다. 따라서 명장의 천리현군(千里懸軍)에 가는 데마다 적이 없는 까닭은 바로 이러한 기미를 쥐고 있는 때문이다.

攻而必取者, 攻其所不守也. 守而必固者, 守其所不攻也.
쳐서 반드시 갖는 것은 그 지키지 않는 바를 치기 때문이다. 지켜서 반드시 굳는 것은 그치지 않는 바를 지키는 때문이다.

註 ◆ 그 지키지 않는 바(其所不守) ⇨ 적이 안심하고 수비를 갖추지 않는 곳. ◆ 그치지 않는 바(其所不攻) ⇨ 즉, 이쪽 군의 중점을 적에게 잘 숨긴다는 것과 같음.

解義 치면 반드시 차지하고 지키면 반드시 굳어지는 것은 병법의 요결이다. 이것을 달성하는 길은 적이 지키지 않는 곳을 치고, 적이 치지 않는 곳에 방어의 중점을 두어야 한다.
이 점 깊이 연구해야 한다.

故善攻者, 敵不知其所守. 善守者, 敵不知其所攻.
그러므로 잘 치는 자는 적이 지킬 바를 모른다. 잘 지키는 자는 적이 그칠 바를 모른다.

解義 따라서 선공자(善攻者)에 대해선 방어자가 어디에 그 방어의 중심점을 두어야 할지 고심하고, 또 반면 선수자(善守者)에 걸리면 공격자는 어디에 그 공격점을 두어야 할지 당황하게 된다.

微乎微乎. 至於無形. 神乎神乎, 至於無聲, 故能爲敵之司命.

미호미호(微乎微乎) 무형(無形)에 이른다. 신호신호(神乎神乎) 무성(無聲)에 이른다. 그러므로 능히 적의 사명(司命)을 한다.

> ㊟ ◆ 微乎 ⇨ 微는 사물이 적은 것. 허실을 아는 것은 오로지 기미에 달렸다는 말. ◆ 神乎 ⇨ 神은 알기 어려운 것. 허실에 대처하는 묘기를 신의 불가사의한 것에 비유한 말. ◆ 무형에 이른다(至於無形) ⇨ 視于無形, 즉 형상 없이 본다는 뜻과 같음. ◆ 무성에 이른다(至於無聲) ⇨ 聽于無聲, 즉 소리 없이 듣는다는 뜻과 같음. ◆ 司命 ⇨ 생명을 맡아 보는 神. 즉, 적의 活殺權을 쥔다는 것과 같음. 작전편 끝 주를 참조.

[解義] 허실에 처하는 길은 위에서 설명한 것과 같다. 그러나 실제 활용에 있어선 모름지기 깊은 연구를 쌓아서, 가령 형상 없는 것도 보고, 소리 없는 것도 듣는 묘경(妙境)에 들어야만 한다. 그 경지에 들지 않으면 안 된다.

이러한 고심과 노력이 있어야 비로소 잘 적의 활살권(活殺權)을 쥘 수 있다.

進而不可禦者, 衝其虛也. 退而不可追者, 速而不可及也.

나아가서 막을 수 없는 것은 그 허를 찌르기 때문이다. 물러나서 따를 수 없는 것은 빨라서 미치지 못하기 때문이다.

[解義] 이제 진격해서 적을 친다고 하자. 그래서 여기에 방어의 여지가 없게 하려면 오직 그 허를 쳐야만 한다. 따라서

이 허를 보는 영지(靈智), 영감이라고 하는 것이 공격의 원동력이 되는 셈이다.

뿐만 아니라 일단 퇴군(退軍)할 때 적에서 잘 이탈하고, 적으로 하여금 감히 추격의 여지를 주지 않도록 신속하고 누구든지 뒤를 못 하게 해야만 한다. 도망치는 것이 중요하다. 도망치는 것은 수동적 입장에서 벗어나 주도적 입장을 회복하는 주요한 방법이다.

故我欲戰, 敵雖高壘深溝, 不得不與我戰者, 攻其所必救也. 我不欲戰, 雖畫地而守之, 敵不得與我戰者, 乖其所之也.

그러므로 내가 싸우고자 하면, 적이 비록 진터를 높이고 개천을 깊이 한다 하더라도, 나와 더불어 싸우지 않을 수 없는 것은 반드시 구원할 수 있는 곳을 치기 때문이다. 내가 싸우고자 하지 않으면, 비록 땅을 그어놓고 이를 지킨다 하더라도, 적이 나와 더불어 싸울 수 없는 것은 그 가는 바에 어긋나기 때문이다.

注 ◆ 진터가 높고 개천이 깊다(高壘深溝) ▷ 가장 방비를 엄히 한다는 뜻. 고대의 城堡는 防壘를 높이고, 개천이나 흙구덩이를 깊이 팜으로 해서 최대의 방어설비로 삼았다. ◆ 땅을 그어 이를 지킨다(畫地守之) ▷ 방비를 가장 하지 않았다는 뜻. 가령 한 가닥의 새끼줄을 쳐놓은 것과 같은 것을 말함. ◆ 그 가는 바에 어긋난다(乖其所之) ▷ 乖는 背와 같음. 어긋나는 것. 之는 往과 통함. 가는 것. 적이 가는 것은 이쪽에서 보면 오는 것이다. 따라서 이에 어긋난다 함은 적의 기도에 혼란을 가져오게 한다는 말.

解義 따라서 이쪽이 만일 싸우려고 결심만 하면 적이 아

무리 방비를 엄중히 해놓고 이쪽을 피하려 해도, 반드시 와서 싸우게 하는 방법이 있다.

어떤 방법이냐 하면, 적이 반드시 와서 구원하지 않을 수 없는 곳을 공격하는 것이다. 적이 내버려둘 수 없는 곳을 치는 것이다.

이에 반해 이쪽에서 만일 싸움을 원하지 않는다고 하자. 그러면 하등 특별한 방어설비를 갖추지 않는다 하더라도 미연에 적의 기도하는 바를 알아서 재빨리 적당한 조치를 취하면 적의 전지(戰志)를 꺾을 수 있다.

말하자면 엉뚱한 짓을 해서 적을 혼란에 빠뜨리면 된다.

故形人而我無形, 則我專而敵分.

그러므로 남을 나타내고 내가 나타나는 것 없으면, 나는 전일하고 적은 나뉜다.

[解義] 위와 같이 회전(會戰)의 결정권을 이쪽에서 쥐는 것은 적을 제압하는 첫째 수단이다. 여기에는 적의 허실을 밝히고 이쪽의 허실은 적에게 감춰야만 한다. 그것을 잘해야 한다.

그렇게 하면 이쪽의 방침은 오직 한 군데로 쏠려 가는 방향이 명확할 수가 있으나, 반면 적은 이쪽의 허실에 어둡기 때문에 공연히 방비를 넓히고 병력을 분산시키지 않을 수 없게 된다. 이쪽은 자유자재로 변화하면서 힘을 집중하는데, 적은 묶여 사방으로 힘을 분산한다.

我專爲一, 敵分爲十, 是以十攻其一也. 則我衆敵寡. 能以

衆擊寡者, 則吾之所與戰者約矣.

　내가 오로지 하나가 되고, 적이 나뉘어 열이 되면, 이 열을 가지고 그 하나를 치는 것이다. 즉, 나는 중(衆)이고 적은 과(寡)이다. 능히 중으로써 과를 치면, 즉 나와 더불어 싸우는 자는 약(約)이다.

　㈜ ◆ 約 ➡ 던다, 생략한다는 뜻.

　解義 그렇게 해서 가령, 이쪽에선 힘이 집중해서 하나가 되고, 적은 그 힘이 열로 나뉘게 된다면, 즉 적은 10분의 1의 힘을 가지고 이쪽의 전력(全力)에 맞닥뜨릴 수밖에 없다.

　이렇게 되면 나는 중(衆), 적은 과(寡)—말하자면 중으로써 과를 치는 결과가 되니 이쪽의 전투력은 그만큼 크게 여력이 생기는 것이다.

吾所與戰之地不可知. 不可知, 則敵所備者多. 敵所備者多, 則吾所與戰者寡矣.

　나와 더불어 싸우는 바의 땅은 알 수 없다. 알 수 없기 때문에, 즉 적이 갖추는 바가 많다. 적이 갖추는 바 많으면, 즉 나와 더불어 싸우는 것은 적다.

　解義 이것은 또 전지(戰地)에 대해서 말하면, 가령 이쪽이 전지라고 지목하는 지점이 적측으로서는 분명하지 않다고 하자.

　그럴 경우, 적은 자연히 그 방비를 다방면으로 하지 않으면 안 된다. 그러므로 그 방비가 충분해지면 충분해질수록 이쪽 군에 대적해 오는 적의 세력은 그만큼 과소한 것이 된다. 말하자면 여러 곳으로 분산시키지 않으면 아니되기 때문이다.

故備前則後寡, 備後則前寡, 備左則右寡, 備右則左寡, 無
所不備, 則無所不寡. 寡者備人者也. 衆者使人備己者也.

그러므로 앞을 갖추면 뒤 적어지고, 뒤를 갖추면 앞 적어지고, 왼쪽
갖추면 오른쪽 적어지고, 오른쪽 갖추면 왼쪽 적어지고, 갖추지 않은 바
없으면 적지 않은 바 없다. 적은 것은 남에게 갖추기 때문이다. 많은 것
은 남으로 하여금 나에게 갖추게 하기 때문이다.

[解義] 따라서 적의 허실(虛實)에 어둡고 수동적 입장에 있
는 자의 비참한 상황이란, 가령 한쪽을 갖추면 한쪽이 허술해
진다. 그렇다고 전후좌우 모두 갖춰놓는다고 하자. 그렇게 되
면 사방이 모두 갖추지 않은 것만 못한 또 역시 허술한 것이
되어버리는 것이 아닌가.

한꺼번에 모든 방면을 완전하게 할 수는 없기 때문이다. 따
라서 말하자면, 적에 대해서 그 세력이 언제나 떨어지고 약한
자는 항상 수동적 입장이 되어 남에게 갖추는 자가 되고, 반면
적에 대해서 언제나 우세한 입장을 차지하는 자는 남으로 하여
금 언제나 이쪽에게 갖추게 하는 자가 된다.

이것은 비단 용병(用兵)에서뿐 아니라, 인간 개개인의 생활
에서도 크나큰 진리다. 약한 자는 언제나 남에게 붙좇게 마련
이며, 스스로 서는 주도적 입장에 설 수가 없다. 주인이 될 수
가 없다.

모름지기 인생의 승리자가 되기 위해 깊이깊이 음미해두자.

故知戰之地, 知戰之日, 則可千里而會戰. 不知戰地, 不知

戰日, 則左不能救右. 右不能救左. 前不能救後. 後不能救前.
而況遠者數十里, 近者數里乎.

그러므로 싸움의 땅을 알고, 싸움의 날을 알면, 즉 천 리(千里)하고도
회전(會戰)할 수 있다. 싸울 땅을 모르고, 싸울 날을 모르면, 즉 왼쪽은
오른쪽을 구원할 수 없다. 오른쪽은 왼쪽을 구원할 수 없다. 앞은 뒤를
구원할 수 없다. 뒤는 앞을 구원할 수 없다. 그런데 하물며 먼 자는 수십
리, 가까운 자는 수 리인데이랴.

　　解義 그러니, 이제 적의 허실을 분명히 해놓고, 미리 적군
내전(來戰)의 땅, 내전의 날까지 알았다고 하자. 그러면 군
(軍)은 설령 천 리 밖에까지 나가서 적을 맞아 싸워도 좋다.

　　그러나 만일 적의 허실에 어둡고, 그 싸울 땅, 싸울 날조차
알지 못한다면, 일진일퇴(一進一退), 적의 제압을 받으면서 군
은 설령 전후좌우가 근접해 있는 내 편이라 하더라도 서로 구
원이 불가능하고, 비참한 지경에 떨어질 수밖에는 없다.

　　하물며 멀기로는 몇십 리, 가깝기로는 몇 리 떨어져 있는 이
편에 대해선 도저히 손을 쓸 수가 없고 이것을 적의 유린에 내
맡기는 수밖에는 없다.

　　얼마나 비참한가.

以吾度之, 越人之兵雖多, 亦奚益於勝哉.

나로써 이를 헤아리건대, 월인(越人)의 군사는 비록 많다 하더라도 또
어찌 이김에 더함이 되랴.

　　注 ◆ 以吾 ⇨ 吾를 吳로 고쳐놓은 俗本도 있다. 吳는 지금의 江蘇省
　　에 있던 나라. 춘추시대에 吳王 闔閭가 越과 싸워 敗死함에 따라

그 아들 夫差는 부왕의 遺命을 받아서 마침내 월을 물리치고 원수를 갚았다. 孫武가 그 吳에 종사했다. ◆ 이를 헤아린다(度之) ⇨ 度는 忖度의 탁. 헤아린다는 뜻. ◆ 越 ⇨ 지금의 浙江省에 있던 나라. 당시 오나라는 월을 격파하고 월왕 句踐으로 하여금 마침내 저 유명한 회계의 치(會稽之恥)를 맛보게 하였음. 때는 서기전 459년.

[解義] 여기 일절(一節)은 역사와 맞지 않는다.

손자는 오왕(吳王) 합려(闔閭)에게 봉직한 사람인데, 여기선 그 합려의 아들 부차(夫差)가 월(越)을 친 옛 일을 인용해 놓았다. 이것은 사실(史實)을 무시한 것이라 아니할 수 없고, 아마도 후세 학자의 두찬(杜撰)한 가필(加筆)로 이루어진 것이 아닌가 하는 추정이 불가피하다.

본문의 뜻을 설명해 보기로 하자.

오나라는 소국(小國), 월나라는 대국(大國)이었다. 월은 먼저 오를 격파하고 교만해져서 정신이 해이하고, 도무지 오에 대한 대비가 없었다.

오왕 부차는 와신상담(臥薪嘗膽) 쓴맛을 맛본 뒤에 이러한 월의 허(虛)에 타고 들었다. 월의 대병(大兵)도 이렇듯 결사적인 오나라 군사에 대해서는 한 줌도 안 되는 것이었다. 이것은 모두 허와 실의 결과로서 애당초 당연하다.

故曰, 勝可爲也. 敵雖衆, 可使無鬪.

그러므로 말하되, 승(勝)은 해야 한다. 적은 비록 많다 하더라도 싸움 없게 해야 한다.

[解義] 위의 일로 생각해보더라도 전쟁의 승패는 요컨대 허실의 관계 하나에 있게 마련이다.

설령 어떠한 대적이라 하더라도 한번 이것을 허로 몰아가면 이로 하여금 전투력을 상실하는 것은 매우 쉬운 일이다. 승패의 원리, 흥망의 현상은 바로 이 허실 하나에 달려 있다.

故策之而知得失之計, 作之而知動靜之理, 形之而知死生之地, 角之而知有餘不足之處.

그러므로 이를 꾀해서 득실(得失)의 계교를 알고, 이를 일으켜서 동정(動靜)의 이치를 알고, 이를 나타내서 사생(死生)의 땅을 알고, 이를 받아서 유여부족(有餘不足)한 곳을 안다.

[解義] 여기선 서로 상대해서 이쪽 저쪽의 허실을 알려고 할 경우의 방법을 들었다.

그것은 대체로 다음과 같은 네 단계가 있다.

① 이를 꾀해서 득실의 계교를 안다(策之而知得失之計).

책(策)은 원래 서죽(筮竹)을 의미하는데, 뜻이 바뀌져 사람의 동정을 점치거나 추측한다는 뜻으로 쓰인다.

여기선 가령 전지(戰地)의 지형(地形), 기타를 상고하고, 추리적으로 적의 배치나 장비를 고찰하고, 또 그 전략을 판단한다는 것에 해당한다. 그럴 땐 어떻게 하느냐. 이에 근거해서 이쪽에서 취해야 할 작전의 득실까지 자연 생각해내지 않으면 안 된다.

② 이를 일으켜서 동정의 이치를 알고(作之而知動靜之理).

작(作)은 정신작흥(精神作興)의 작에 해당하고, 흥(興)한다

는 뜻. 즉, ①의 추리적 판단만으로는 아직 만족을 얻지 못할
경우. 여기서 한 걸음 더 나아가서 자그만 충돌을 시도해본다.
그렇게 해서 실지로 적의 동정을 알아보는 것이다. 이것이 제2
단계 방법이다.

③ 이를 나타내서 사생의 땅을 알고(形之而知死生之地).

여기선 ②의 수단에 다시 한 걸음 더 나아가, 가령 적의 일
각(一角)을 강습(强襲)해본다. 그런 방법에 의해서 사생(死生)
의 땅, 즉 승산이 있느냐 없느냐를 실지로 알아보는 것이다.

「이를 나타낸다(形之)」는 것은 적의 내정(內情)을 밖으로
끌어내서 본다는 뜻이다. 이것이 제3단계의 방법이다.

④ 이를 받아서 유여부족한 곳을 안다(角之而知有餘不足之
處).

각(角)은 각력(角力)의 각이고, 받(觸)는다는 뜻. 실지로 힘
을 비교해보는 것이다. 즉, ③의 수단으로도 아직 만족한 결과
를 얻지 못했을 때, 다시 더 대규모의 충돌을 시도해본다. 그
래서 하나의 회전(會戰)을 시험해 본다. 그러면 적의 유여부족
(有餘不足), 말하자면 그 배치나 장비의 후박(厚薄), 전투력의
강약 따위를 대체로 알 수 있다.

故形兵之極, 至於無形. 無形, 則深間不能窺. 智者不能謀.
그러므로 형병(形兵)의 극(極)은 무형(無形)에 이른다. 무형하면, 즉
심간(深間)도 엿볼 수 없다. 지자(智者)도 꾀할 수 없다.

㊟ ◆ 形兵 ⇨ 이쪽의 兵形을 적에게 보인다. 즉, 군사를 쓴다는 뜻.
　　◆ 無形 ⇨ 때, 장소에 따라 임기응변으로 나가며 定石에 구애되지
　　않는다. ◆ 深間 ⇨ 間은 間의 正字. 사려 깊은 적의 간첩, 또는 깊

이 들어간 간첩.

[解義] 따라서 병(兵)의 운용은 병가자류(兵家者流)의 수법이나 형식에 구애될 것이 아니라 독자의 창의성을 가지고 임기응변으로 나가는 데 그 참된 묘체(妙諦)가 있다.

이렇게 나가면 아무리 날카로운 적측의 첩자라 하더라도, 또 아무리 탁월한 적의 지장(智將)이라 하더라도 감히 이쪽의 방략(方略)을 알 길이 없다.

변환자재한 태세, 그것이 최상의 방법이다.

因形而措勝於衆. 衆不能知. 人皆知我所以勝之形, 而莫知吾所以制勝之形.

형(形)으로 인하여 승(勝)을 중(衆)에 둔다. 중은 알 수 없다. 사람이 다 내가 이기는 까닭의 형(形)을 알고, 내가 제승(制勝)하는 까닭의 형을 아는 것은 없다.

㊟ ◆ 승(勝)을 중에 둔다(措勝於衆) ⇨ 승산을 세워서 부하군대를 안배한다. 즉, 군사를 운용한다는 뜻. 措를 錯로 고친 원본도 있다. 兩字는 通用. ◆ 제승한 까닭의 형(所以制勝之形) ⇨ 이쪽이 승리하게 된 작전계획의 내력, 근원 같은 것을 가리킴.

[解義] 이제 적의 형(形)으로 해서, 다시 말하면 적이 나타내는 형상에 따라서, 그 허실에 따라서, 이쪽의 군사를 쓰기로 하면, 이쪽의 군대들조차도 그 방략(方略)의 출처, 원인을 알 수가 없고, 다만 사후에 이르러서 이러이러한 전법(戰法)으로 승리를 얻었다는 것을 알게 될 뿐이다. 다만 그 정도로 알 뿐

이지 대관절 그 전법이 어디서 나왔는가, 어떻게 해서 그런 전법이 안출되었는가, 그 근본 원인은 무엇인가. 그러한 깊은 원인이나 동기 같은 것에 이르러서는 누구 하나 아는 사람이 없다.

변환자재한 창의적인 전법을 평범한 눈으로는 알 턱이 없는 것이다.

故其戰勝不復. 而應形於無窮.

그러므로 그 싸움 이긴 것 거듭하지 않는다. 그리하여 형(形)을 무궁에 응한다.

㈜ ◆ 거듭하지 않는다(不復) ⇨ 한번 이긴 戰法은 두 번 세 번 되풀이해서 쓰지 않는다. ◆ 형을 무궁에 응한다(應形於無窮.) ⇨ 이쪽의 兵形, 즉 병의 운용을 무궁한 변화에 따르도록 한다는 뜻. 천변만화로 나간다는 말이다.

[解義] 따라서 위와 같은 방법, 즉 적정(敵情) 여하에 따라서 거기에 맞도록 임기응변으로 나가기로 한다면, 같은 전법을 두세 번 되풀이할 까닭이 없다. 그렇게 해서 공연히 적에게 이쪽의 솜씨만을 알게 할 까닭이 없다. 오히려 천변만화(千變萬化), 변환자재 하게 나간다.

이야말로 진실로 이쪽의 전략·전법을 무궁무진하게 비장(秘藏)해 갈 수 있는 길이다.

夫兵形象水. 水之形, 避高而趨下. 兵之形, 避實而擊虛. 水因地而制流, 兵因敵而制勝. 故兵無常勢, 水無常形. 能因

敵變化, 而取勝者, 謂之神.

대저 병형(兵形)은 물을 형상한다. 물의 형상은 높은 것을 피해 낮은 데로 간다. 군사의 형상은 실(實)을 피해 허(虛)를 친다. 물은 땅에 인해 흐름을 제(制)하고, 군사는 적(敵)에 인해 승(勝)을 제한다. 그러므로 군사에 상세(常勢) 없고, 물에 상형(常形) 없다. 능히 적에 인해 변화하고, 그리하여 승을 취하는 자, 이를 신(神)이라 이른다.

㊟ ◆ 물을 형상한다(象水) ⇨ 물을 본뜬다. 물의 성질에 비유해서 설명할 수 있다는 말. 이를 신이라 이른다(謂之神) ⇨ 이야말로 用兵의 도에 올랐다는 뜻. 神機神略을 얻었다.

[解義] 이상, 군사의 운용은 말하자면 물의 성질에 비유해서 논할 수가 있다.

물의 성질이 높은 곳을 피해서 낮은 데로 흐르는 것과 같이, 군사도 실을 피해서 허를 친다. 이것이 요결이다.

또 물은 그 흐르는 지형(地形)에 따라서 유형(流形)도 달라지고, 가령 평지에선 완류(緩流)가 되고, 급지(急地)에선 급한 여울이 되고, 길 막힌 곳에선 비폭(飛瀑)이 되는 것과 같이 군사도 또 역시 사위(四圍)의 상황이나 적정의 변화에 따라 임기응변으로 나가고, 그렇게 해서 승리를 거두어야만 한다.

따라서 군사의 운용에는 상세, 즉 일정불변의 정칙(定則)이나 정석은 없다 이것은 마치 물에 일정한 형상이 없는 것과도 같다. 따라서 적의 형세에 따라 변화자재하고, 그렇게 해서 승리를 거두는 자만이 참으로 신기(神機)·신략(神略)을 얻은 자라 할 수 있다.

한마디로 전투에는 일정한 방식이 없다.

故五行無常勝, 四時無常位, 日有短長, 月有死生.

그러므로 오행(五行)에 상승(常勝) 없고, 사시(四時)에 상위(常位)
없고, 해에 단장(短長) 있다, 달에 사생(死生) 있다.

[解義] 이것은 군사에 상세(常勢) 없다는 이치를 설명하기
위해 오행설(五行說)과 기타의 예를 든 것이다.

① 오행에 상승 없다(五行無常勝).

오행설에 의하면, 무릇 천지간의 만물은 수, 화, 목, 금, 토
의 다섯 가지 원기(元氣)로 이루어진다. 그래서 목은 토를 이
기고, 토는 수에 이기고, 수는 화를 이기고, 화는 금에 이기며,
금은 목에 이김으로써 오기(五氣)는 서로 신진대사를 해가며,
우주간의 생물, 무생물은 끊임없이 변화생사의 현상을 낳는다.

상승(常勝)이 없다는 것은 바로 이 오기의 대사작용(代謝作
用)을 말한 것이다.

② 사시에 상위 없다(四時無常位).

춘하추동 사시는 끊임없이 순환을 하면서 일정한 위치를 갖
고 있지 않다. 이것은 누구나 알고 있는 일이다. 상위(常位)가
없다는 것은 바로 이 점을 말하는 것이다.

③ 해에 단장 있다(日有短長).

해는 하지(夏至)를 최장(最長)으로 하고, 동지(冬至)를 최
단(最短)으로 해서 1년 3백60일, 일출에서 일몰에 이르는 시
간이 하루도 같지가 않다.

이 역시 누구나 알고 있는 바다.

④ 달에 사생 있다(月有死生).

달에 영허(盈虛)―즉, 참과 이지러짐이 있음은 또 누구나 다

알고 있는 사실이 아닌가.

태음력에 따르면 달의 1일을 삭(朔)이라 하고, 8일을 상현(上弦), 15일을 망(望), 24일을 하현(下弦), 30일을 회(晦)라 한다. 그래서 달은 차서는 이지러지고 이지러졌다가는 차는 것. 이 역시 천체의 숨길 수 없는 법칙이다.

이렇게 보게 되면 무릇 우주의 온갖 만물은 어느 한 가지든 변화하지 않는 것이 없다. 겉으로 보아 변화 없이 보이는 것도 사실은 단지 지속(遲速)의 차가 있는 데 지나지 않을 뿐이다.

군사도 이와 같다. 결코 용병상(用兵上)의 원칙이나 정석이라 할 만한 것을 언제나 불변한 것으로 보아서는 안 된다. 그래서 그것을 처음부터 끝까지 하나로 밀어나가려 생각하면 안 된다.

그것은 변해야 한다. 말하자면 오직 적으로 인해서 변화자재하고, 기미를 잡아 승리를 취하지 않으면 안 된다. 상대방에 따라 이쪽도 변하고, 그렇게 해서 승리를 거두어야만 한다.

이래서 비로소 참된 신공·신략을 얻었다 할 수 있다.

7. 군쟁(軍爭)

군사는 신속(神速)을 귀하게 여긴다. 따라서 군이 기선(機
先)을 다투는 것은 당연한 이치이다. 여기선 이것을 군쟁(軍
爭)이라 이름 붙여 특별히 한 편을 따로 잡았다.

그런데 이 기민(機敏), 신속(迅速)을 주요내용으로 하는 군
쟁에 있어서 처음에는 우회로(迂廻路)의 설(說)을 들었고, 뒤
에 가선 특별히 치중(治衆), 치력(治力), 치심(治心), 치기(治
氣), 치변(治變)의 다섯 가지 항목을 덧붙여 놓았다.

이것은 매우 주목해야 할 점이다. 말하자면 어디까지나 용의
주도한 「손자」의 명인(名人) 기질을 유감없이 발휘해 놓은 것
이라고나 할까.

요컨대 이 군쟁편은 전투상의 지침을 말한 것이다.

孫子曰, 凡用兵之法, 將受命於君, 合軍聚衆, 交和而舍.
莫難於軍爭.

손자 말하되, 무릇 용병(用兵)의 법은 장수 명령을 임금에 받고, 군을
합하고 중(衆)을 모아, 화(和)를 사귀어서 둔다. 군쟁(軍爭)보다 어려운
것은 없다.

◆ 장수 명령을 임금에 받는다(將受命於君) ⇨ 장수로서의 임명을

군주로부터 받았다는 뜻. ◆ 군을 합하고 중을 모은다(合軍聚衆) ⇨ 고대에는 상비군의 제도가 없었기 때문에 전쟁이 있을 때마다 동원령을 내려 장정을 징발하고, 군을 조직했다. ◆ 화를 사귀어서 둔다(交和而舍) ⇨ 和는 軍門을 말한다. 군은 人和를 제일로 삼기 때문에 그런 뜻으로 군문을 和門이라 했다. 陣營의 門. ◆ 交和하면 양군이 서로 대치하는 것.

解義 무릇, 군사의 운용에 있어서, 장수는 임금의 명령을 받아 전국에서 징집한 군사를 모으고 편성해서 군을 조직한다. 그런 뒤 숙영지(宿營地)에 나가서 군문(軍門)을 펴고, 적과 대치한다.

이렇게 될 경우 누가 먼저 기선을 다투는가 하는 것보다 더 어려운 것은 없다. 즉 군쟁(軍爭)이 첫째이다.

軍爭之難者, 以迂爲直, 以患爲利.
군쟁의 어려움은 우(迂)로써 직(直)을 삼고, 환(患)으로써 이(利)를 삼는다.

注 ◆ 우로써 직을 삼는다(以迂爲直) ⇨ 迂는 멀리 돌아가는 것. 우회로. 直은 곧게 가는 것. 직통로. 급하면 돌아가라는 속담이 바로 이 말에 해당한다. ◆ 환으로써 이를 삼는다(以患爲利) ⇨ 患은 환난의 환. 이른바 전화위복과도 같다.

解義 이러한 가장 어려운 군쟁(軍爭)의 난국에 직면했을 때 취할 방법에는 두 가지가 있다.

첫째, 우(迂)로써 직(直)을 삼는다. 둘째, 환(患)으로써 이

(利)를 삼는다.

바꿔 말하면, 급하면 돌아가라, 화(禍)를 돌려 복(福)으로
삼아라―이 두 가지의 속담을 실천할 것.

故迂其途, 而誘之以利, 後人發, 先人至. 此知迂直之計者
也.

그러므로 그 길을 멀리하여 이를 꾀이는 데 이(利)로써 하고, 남에게
늦어서 떠나 남보다 앞서서 이른다. 이것은 우직(迂直)의 계(計)를 아는
것이다.

解義 따라서 이러한 우회작전을 취할 때, 우선 중요한 것
은 적으로 하여금 이쪽의 우회운동을 알게 해서는 안 된다. 적
의 주의력을 다른 곳으로 돌려 놓아야 한다. 이를테면 견제작
전을 펴는 것인데, 이것은 전략상의 이익을 미끼로 해서 교묘
하게 유혹해야만 한다.

이렇게 해서 우회작전으로 나가 실제로 운동을 개시했을 때
는 일부러 적에게 뒤떨어져서 출발하고, 그러고서도 목적지 전
장(戰場)에는 적보다 앞서서 도착한다.

이렇듯, 이러한 기미에 통달하는 자야말로 비로소 우직(迂
直)의 계(計)를 아는 자라 할 수 있다.

故軍爭爲利, 軍爭爲危. 擧軍而爭利, 則不及. 委軍而爭利,
則輜重捐.

그러므로 군쟁(軍爭)을 이(利)로 삼고, 군쟁을 위(危)로 삼는다. 군을
들어 이(利)를 다투면 곧 미치지 못한다. 군을 버려 이(利)를 다투면 곧
치중(輜重)을 버린다.

㊟ ◆ 군을 버려 이를 다툰다(委軍而爭利) ⇨ 군의 일부, 즉 輜重部隊와 같은 것을 委棄하여 뒤에 내버려놓고, 輕兵으로 급하게 軍爭에 뛰어드는 경우를 말한다.

[解義] 따라서 군의 기선을 다투는 데에는 이익과 위험과의 양면이 있다.

가령 치중(輜重), 기타를 끌고가면서 전군(全軍)이 한꺼번에 군쟁을 하자고 들면 오히려 행동은 지연되고 위험에 빠져들며, 기회를 놓쳐버릴 해로움이 없지 않다.

그렇다고 치중을 뒤에 내버려놓고, 불과 얼마 안 되는 휴대식량만으로 경병(輕兵)을 급하게 돌진시켜 간다고 하자. 자칫 잘못되어 적의 기습이라도 받는 날이면 뒤에 남겨 놓은 치중을 모두 잃어버릴 위험이 없지 않다. 이것이 바로 군쟁(軍爭)의 곤란한 점이다.

是故卷甲而趨, 日夜不處. 倍道兼行, 百里而爭利, 則擒三將軍, 勁者先, 疲者後, 其法十一而至.

이런 고로 갑(甲)을 거둬 달리고, 밤낮 있지 않는다. 길을 갑절해서 겸행(兼行)하고, 백리(百里)해서 이(利)를 다투면 즉 삼장군(三將軍)을 사로잡혀 버린다. 굳센 자는 앞서고, 지친 자는 뒤진다. 그 법열 하나하고 이른다.

㊟ ◆ 갑을 거둬 달린다(卷甲而趨) ⇨ 무거운 武裝을 풀어 가볍게 달린다. 趨는 여기서 疾驅한다는 뜻. ◆ 百里 ⇨ 고대 中國兵의 행군력은 하루 약 30리, 우리 里數로 약 50리라 한다. 그래서 이것을 一舍라 했다. 따라서 백리라고 하면 보통 사흘길이 좀더 되는 거리

에 해당한다. ◆ 三將軍 ⇨ 上軍, 中軍, 後軍의 삼장군을 말한다.
◆ 굳센 자(勁者) ⇨ 勁兵과 같다. 군에서 제일 강한 强兵을 가리
킨다.

[解義] 따라서, 여기선 치중(輜重)을 뒤에 남겨놓고 군쟁에
들어갈 경우의 위험에 대해서 말해보자.

가령 한 군대가 그 무거운 무장을 풀어놓고 가벼운 행장으
로 주야 겸행해서, 거기에 속력까지 배가해서 강행군으로 백리
를 달렸다고 하자. 그렇게 되면 군은 우선 서열을 잃을 것이다.
또 강한 군사는 앞서고, 약한 군사는 낙오할 것이다. 그래서
예정대로 무사하게 목적지에 도착한 자는 전군의 약 10분의
1, 즉 불과 1할 내외로 볼 수 밖에는 없다.

이럴 경우, 만일 중도에 적의 기습을 받았다고 하자. 그러면
군은 대번에 허를 찔려 혼란에 떨어지고, 그래서 더 나빠지면
군의 삼장군(三將軍)까지 적 수중에 떨어져 버린다. 이 군대는
여지없이 궤멸(潰滅)에 빠진다.

五十里而爭利, 則蹶上將軍. 其法半至.
50리 하고서 이(利)를 다투면 즉 상장군(上將軍)을 쓰러뜨린다. 그
법, 반(半) 이른다.

㈜ ◆ 蹶 ⇨ 쓰러진다. 넘어진다. 僵과 같음.

[解義] 또 만약 50리를 행군했다고 하자. 그럴 경우엔 전군
(全軍)의 약 반수는 낙오하는 것으로 본다. 이런 경우에는 백
리 갔을 때와 같은 위험은 없다 하더라도, 적의 기습이 있을

수 있고, 그런 기습에 의해서 적어도 상장군(上將軍), 즉 선두 부대(先頭部隊)의 하나쯤은 격파되고, 그 장수까지 포로가 되고 만다. 말하자면 백 리의 경우의 반을 잡는 것이다.

三十里而爭利, 則三分之二至.

30리 하고서 이(利)를 다투면, 즉 3분의 2에 이른다.

[解義] 30리라고 하면 보통 하룻길의 행군 잇수다. 그러나 이것조차 군쟁(軍爭)을 위한 강행군이라 하면 그 3분의 1 정도의 낙오자는 있는 것으로 보지 않으면 안 된다.

是故, 軍無輜重則亡. 無糧食則亡. 無委積則亡.

이런 고로 군(軍)에 치중(輜重) 없으면 망한다. 양식이 없으면 망한다. 위자(委積) 없으면 망한다.

[주] ◆ 委積 ⇨ 委는 조금 쌓는다. 積는 많이 쌓는다. 즉, 兵器·양식의 축적.

[解義] 따라서 군이 치중(輜重)·양식을 버리고 군쟁(軍爭)에 들어가면 지극히 위험하다. 짧으면 하루의 행군, 길면 3일의 행군에 지나지 않은 경우라 하더라도 각기 많은 수의 낙오자가 생기고, 뿐만 아니라 도중에 어떠한 이변이 생길지 모른다. 그것은 미리 각오하지 않으면 안 된다. 즉, 그렇게 되면 패배하고 만다.

故不知諸侯之謀者, 不能豫交. 不知山林險阻沮澤之形者,

不能行軍. 不用鄕導者, 不能得地利.

그러므로 제후의 꾀를 모르는 자는 미리 사귈 수 없다. 산림·험조(險
阻)·저택의 형상을 모르는 자는 군을 가게 할 수 없다. 향도(鄕導)를 쓰
지 않는 자는, 지(地)의 이(利)를 얻을 수 없다.

> 注 ◆ 제후의 꾀(諸侯之謀) ⇨ 이웃 제후의 의중. 이것은 평시에 진의
> 를 확인해두지 않으면 ―朝有事時 알 수가 없고, 곤란해진다. ◆
> 沮澤 ⇨ 沼澤과 같음. 沮는 축축하다는 뜻. 보통 低濕地를 가리킴.

[解義] 또 이것을 대국적(大局的)으로 보면, 군쟁(軍爭)에
대해서는 첫째, 이웃 제후들의 의중을 알아놓고, 미리 이들과
국교(國交)를 친밀히 하면서 일조유사시는 될 수 있는 대로 이
들을 내편으로 끌어들이도록 바탕을 닦아야 한다.

둘째는 미리 전지(戰地)의 지리·지형을 상세히 알아서 한
번 개전(開戰)을 하게 되면 신속 과감하게 군을 보낼 수 있는
바탕을 만들어야 한다.

또, 셋째는 드디어 개전했을 경우, 적에게 앞서서 지(地)의
이(利)를 차지하기 위해 미리 적당한 길 안내를 찾아놓아야 한
다.

이런 것은 군쟁을 위해 지극히 중요하다.

故兵以詐立. 以利動, 以分合爲變者也.

그러므로 병(兵)은 사(詐)로써 서고, 이(利)로써 움직이고, 분합(分
合)으로써 변(變)을 한다.

[解義] 그런지라 군(軍)은―

① 사(詐)로써 선다(以詐立).

이쪽의 입장을 굳게 숨기고, 적으로 하여금 이쪽의 동정(動靜), 소식 등을 절대로 알지 못하게 해야 한다. 한마디로 말해서 전술의 근본은 적을 속이는 것이다.

② 이(利)로써 움직인다(以利動).

즉, 일진일퇴, 반드시 헛일이 안 되도록 행동해야 한다.

③ 분합으로써 변을 한다(以分合爲變).

적의 형세에 따라, 전군이 혹은 집합에서 한 군데 집중하고, 혹은 분산해서 여러 부대가 되고, 일합일리(一合一離) 변환자재(變幻自在)하지 않으면 안 된다.

이런 식으로 행동의 결정은 적을 속이면서 그 속임수에 의해서 만들어진 유리한 상황 속에서 행한다.

그러면서도 그 행동은 교묘해야 한다.

故其疾如風, 其徐如林, 侵掠如火, 不動如山, 難知如陰,
動如雷震.

그러므로 그 급한 것은 바람과 같고, 그 조용한 것은 수풀과 같고, 침략(侵掠)은 불과 같고, 움직이지 않는 것은 산과 같고, 알기 어려운 것은 그늘과 같고, 움직이는 것은 뇌진(雷震)과 같다.

㊟ ◆ 그 조용한 것은 수풀과 같고(其徐如林) ⇨ 戰機가 아직 이르지 않아서 徐行할 때에는 軍紀 엄숙, 마치 산중 수풀의 閑寂境을 연상케 한다는 비유. ◆ 움직이지 않는 것은 산과 같고(不動如山) ⇨ 戰機가 아직 익지 않았다고 보았을 때에는 여하한 큰 적을 앞에 두었다 하더라도 毅然하게 움직이지 않는다. 그것이 마치 산과 같다는 비유. ◆ 알기 어려운 것은 그늘과 같고(難知如陰) ⇨ 陰은 그

늘, 陽의 반대. 잘 분별할 수 없는 것을 가리킨다. 즉, 군의 진퇴는 그 일래일거(一來一去)가 마치 검은 구름이 하늘의 해를 가리고 가 듯해야 한다.

[解義] 이 일절(一節)은 예로부터 매우 유명한 구절이다.

《삼국지》에 나오는 제갈량의 전법이 이와 비슷함은 그 소 설을 읽은 사람이면 누구나 짐작이 갈 것이다. 그와 마찬가지 로, 여기 이 일절은 간단히 말해서, 군은 그 행동이 언제나 질 풍신뢰(疾風迅雷)와 같지 않으면 안 된다는 것을 강조한 말이 다. 그리고 여기에는 언제나 동(動)과 정(靜)의 두 가지 면이 있다는 것을 지적했다.

즉 글 속에서―

① 그 조용한 것은 수풀과 같고(其徐如林),

② 움직이지 않는 것은 산과 같고(不動如山),

③ 알기 어려운 것은 그늘과 같다(難知如陰).

이상 세 구절은 군의 대기 상태, 즉 그 정적(靜的) 방면을 지적한 것이다. 그래서 군이 그때마다 취해야 할 엄숙함과 의 연한 태도를 주장했다.

그리고 다음으로,

① 급한 것은 바람과 같고(疾如風),

② 침략은 불과 같고(侵掠如火),

③움직이는 것은 뇌진과 같다(動如雷震).

이상은 군이 전기(戰機)를 놓치지 않고 쇄도할 경우의 동적 상태를 형용한 것이다.

다시 말하면, 이 동과 정의 두 가지 면은 군쟁상(軍爭上) 중 요한 요목이 된다.

掠卿分衆, 廓地分利, 懸權而動.

시골을 노략하면 중(衆)에 나누고, 땅을 열면 이(利)를 나누고, 저울을 달아 움직인다.

㊟ ◆ 시골을 노략하면 중에 나눈다(掠卿分衆) ⇨ 卿은 행정구획의 하나. 周나라때 1만2천5백 家戶를 말했음. 즉, 고대에는 일정한 날에 한해서 군대에게 공공연한 약탈을 허용하고 또 그것을 목적으로 군을 격려했다. 이 구절은 말하자면 그런 것을 원정군의 필수사항이라 한 것임. 또 이 말을 「군사를 분산시켜서 노략하는 것」이라고 해석하는 자도 있음. ◆ 땅을 열고(廓地) ⇨ 고대에는 점령은 곧 영토의 획득이며 강화조약에 의해 결정되는 것은 아니다. 점령에 따라 그것을 적당히 유공자들에게 나눠주어 그것으로 장사들의 공명심을 만족시켰다.

解義 또 적지(敵地)에 들어가 그 도시 촌락을 약탈할 때에는 일반 장병에게도 될 수 있는 대로 그 몫이 골고루 돌아가게 하고, 또 공략할 때마다 얻어지는 이득을 유공의 장사(將士)들에게 똑같이 분배한다. 이렇게 하여 격려하면서 나아가는 것은 본대(本隊)를 떠나 현군(懸軍), 깊숙이 적지로 싸워들어가는 요결(要訣)이다.

다시 말하면, 군은 처음부터 전략상·경제상의 이익이 있는 지점에 착안해서 이른바 이해(利害)의 저울[權]질을 해서 되도록 무용(無用)한 일이 없도록 행동해야 한다. 그것이 원정군이 특히 주의해야 할 점이다.

先知迂直之計者勝. 此軍爭之法也.

먼저 우직(迂直)의 계(計)를 아는 자는 이긴다. 이것이 군쟁(軍爭)의
법이다.

　　解義 요컨대, 먼저 우직(迂直)의 계(計)를 알고, 그것을
쓰는 자는 전쟁에서 반드시 이긴다.
　　성급하게 승리를 서두르지 말고 신중하게 이 원리에서 움직
인다. 그것이 군쟁의 요점이며 전투의 원칙이다.

軍政曰, 言不相聞, 故爲之金鼓. 視不相見, 故爲旌旗. 夫
金鼓旌旗者, 所以一人之耳目也. 人旣專一, 則勇者不得獨進.
怯者不得獨退. 此用衆之法也. 故夜戰多火鼓, 晝戰多旌旗.
所以變人之耳目也.

　　군정(軍政)에 말하되, 말해도 서로 들리지 않고, 고로 금고(金鼓)를
만든다. 보아도 서로 보이지 않고, 고로 정기(旌旗)를 만든다. 대저 금
고, 정기란 것은 사람의 이목(耳目)을 하나로 하는 까닭이다. 사람이 이
미 전일(專一)하면, 즉 용자(勇者)도 혼자서 나아갈 수 없다. 겁자(怯者)
도 혼자서 물러설 수 없다. 이것이 (衆)을 쓰는 법이다. 그러므로 야전
(夜戰)에 화고(火鼓)가 많고, 주전(晝戰)에 정기가 많다. 사람의 이목을
변하게 하는 까닭이다.

　　注 ◆ 軍政 ⇨ 손자가 참고한 고대 兵書의 이름. ◆ 金鼓 ⇨ 金은 퇴
군할 때, 鼓는 진군할 때 쓴다. ◆ 旌旗 ⇨ 깃발. 旌은 깃대 끝에
새의 깃으로 된 장목을 늘어뜨린 旗.

　　解義 여기서 「군정(軍政)」이란 손자 시절에 있었던 고병
서(古兵書)의 이름이라고 생각된다. 그 책의 한 구절을 들어서

설명을 한 것이다.

말하자면, 「군정」에, 언어나 시력(視力)의 도달 거리는 한정이 있기 때문에 군대와 같은 대집단을 지휘하려면 자연히 금고(金鼓)나 정기(旌旗) 같은 것을 만들지 않을 수 없다는 말이 있는데, 그것은 참으로 당연하다. 금고나 정기와 같은 명령 전달기구, 기계를 갖춰서, 군의 이목을 이에 집중시켜 통제하고, 그렇게 해서 용겁(勇怯)을 모두 한 덩어리로 만들어버리는 따위, 말하자면 대전투력을 조직적으로 형성하는 것은, 이른바 「치중(治衆)의 법」이다.

따라서 야전(夜戰)에는 많이 불(고대의 봉화나 火箭 따위)이나 북 같은 것을 쓰고, 낮 싸움에는 주로 정기 같은 것을 쓰는데, 이것은 주야 구별에 따라 군의 이목에 편리한 것을 채용했을 뿐이다.

三軍可奪氣, 將軍可奪心, 是故朝氣銳, 晝氣惰, 暮氣歸, 善用兵者, 避其銳氣, 擊其惰歸. 此治氣者也.

삼군(三軍)은 기운을 뺏어야 하고, 장군은 마음을 뺏어야 한다. 그래서 아침 기운은 예(銳), 낮 기운은 타(惰), 저녁 기운은 귀(歸). 용병(用兵)을 잘하는 자는, 예기(銳氣)를 피해서 타와 귀를 친다. 이것이 기운을 다스리는 것이다.

[解義] 또 이것을 정신면에서 보자. 군대의 용기는 그때의 기분에 지배되는 경우가 많은데, 장수(將帥)의 지모(智謀)는 마음의 평정, 또는 흥분상태의 여하에 의해서 작용에 크나큰 차이가 있다. 따라서 군대는 먼저 그 기분을 노리고, 장수가 마음의 평정을 잃도록 하는 것은 군쟁상(軍爭上) 지극히 요긴

한 점이다.

그런데 군대의 이 기분이란 아침에는 신선한 여명(黎明)의 예기가 저절로 약동하고, 대낮이 되면 자연히 지치고 꾀가 나서 타기(惰氣)를 가져오고 해가 느지막해지면 하루의 일에 완전히 지쳐버려, 저마다 돌아가서 쉬고 싶은 마음을 갖게 한다. 그것이 인지상정이다.

따라서 선전(善戰)의 비결은 적을 치는 데 될 수 있는 대로 아침나절 같은 발랄한 예기는 피하고, 한낮이나 저녁때 같은 타기, 귀기(歸氣)를 노려야 한다.

이것이 말하자면 이쪽의 기운을 잘 다스려서 적의 허를 치는 것, 즉 기운을 다스리는 것이다.

以治待亂, 以靜待譁. 此治心者也.

치(治)로써 난(亂)을 기다리고, 정(靜)으로써 화(譁)를 기다린다. 이 것이 마음을 다스리는 것이다.

㊀ ◆ 譁 ⇨ 시끄럽다. 지껄인다.

解義 치는 군의 인화을 얻은 것을 말하고, 난은 군의 인화를 잃고 군기가 문란해진 것을 말한다.

또, 정은 군의 질서를 지키고 잘 통일된 상태, 화는 이와 반대로 군중(軍中)이 시끄럽고, 질서를 잃어버린 상태를 말한다. 따라서 이쪽의 치와 정을 가지고 적의 난과 화에 타고들면, 이 것이 곧 이쪽의 마음을 다스려서 적의 허를 치는 것이다.

以近待遠, 以佚待勞, 以飽待饑. 此治力者也.

가까운 것으로써 먼 것을 기다리고, 편안한 것으로써 지치는 것을 기다리고, 배부른 것으로써 굶주리는 것을 기다린다. 이것이 힘을 다스리는 것이다.

　　解義 이쪽의 주둔지에 가까운 편리한 곳을 점령해서 거기다 포진(布陣)을 하고 먼곳에서 올 적을 기다린다. 또는 편안한 자리에 있으면서 적의 수고하고 지치는 것에 타고든다. 그런가 하면 또 이쪽은 양식이 충실해서 잘 먹은 배부른 군사로 양식이 결핍된 배고픈 적을 친다.

　　이런 것은 이쪽의 힘을 다스려서 적의 허를 치는 것으로, 이 또한 기선을 제압하는 요긴한 방법이다. 이쪽은 배불리 먹고 상대방은 굶긴다. 그것이 승리의 요체다.

無邀正正之旗. 勿擊堂堂之陣. 此治變者也.

정정(正正)의 기(旗)를 맞지 말고, 당당(堂堂)한 진(陣)을 치지 말라. 이것이 변(變)을 다스리는 것이다.

　　注 ◆ 정정의 기(正正之旗) ⇨ 正正은 整齊와 통한다. 엄숙한 軍紀가 잘 지켜져 있다는 뜻. ◆ 당당한 진(堂堂之陣) ⇨ 堂堂은 威容이 성대한 모양.

　　解義 정정(正正)의 기(旗)나 당당한 진(陣)은 적의 사기와 세력이 충실해서 전투력이 지극히 왕성한 것을 말한다. 이러한 군용(軍容)에 대해서 일부러 정면 충돌하는 따위는 변통의 길이라 할 수 없다.

그것은 피해야 한다. 그런 군용에 대해선 잠시 예봉을 피해서 전기(戰機)가 익을 때까지 기다린다. 정면 충돌은 피하고 기책(奇策)을 써서 의표를 찌른다. 이것이 말하자면 변(變)을 다스리는 길이다.

8. 구변(九變)

상(常)의 반대는 변(變)이다. 무릇 원칙이 있으면 예외가 있고, 상칙(常則)이 있으면 변칙(變則)이 있다.

하물며 사활(死活)을 단숨에 결정해버리는 용병(用兵)의 길에 있어선 더구나 말할 나위조차 없다. 이것이 여기서 구변(九變), 즉 용병상의 변칙이라 할 수 있는 이른바 아홉 가지 항목을 든 까닭이다.

그러나 다만 이 구변은 원래 고대의 궁시군(弓矢軍)을 상대로 해서 말한 것이기 때문에 최첨단의 현대전투를 상대로 할 때에는 자연히 달라질 수밖에 없다.

그러나 앞이 있으면 뒤가 있다.

양이 있으면 음이 있다. 그 변화와 발전의 법칙을 탐구하는 것이 승리로 향하는 제일보라는 점만은 여전히 변할 수 없는 진리이다.

孫子曰, 凡用兵之法, 高陵勿向. 背丘勿逆. 佯北勿從. 銳卒勿攻. 餌兵勿食. 歸師勿遏. 圍師必闕. 窮寇勿迫. 絶地勿留.

손자가 말하길, 무릇 용병의 법은, 고릉(高陵)은 향하지 마라. 배구(背丘)는 맞이하지 마라. 양배(佯北)는 좇지 마라. 예졸(銳卒)은 치지 마

라. 이병(餌兵)은 먹지 마라. 귀사(歸師)는 막지마라. 위사(圍師)는 반드시 궐(闕)한다. 궁구(窮寇)는 핍박하지 마라. 절지(絶地)는 머물지 마라.

[解義] 먼저 구변(九變) 전부를 들었다.

공격할 때 꼭 피해야 할 아홉 가지 원칙이다.

① 고릉은 향하지 마라(高陵勿向).

능은 높은 언덕. 즉, 적이 만약 높은 고지를 차지하고 있을 땐, 이쪽에선 그것을 쫓아 올라가면서 치지 말라는 것이다.

고대의 궁시군(弓矢軍)의 경우 이것은 더구나 절대적으로 지켜야 했을 일이다. 저 유명한 이괄(李适)이 이 「손자」쯤 읽어 놓았더라면 서대문 밖 무악(毋岳)에서 산을 타고 올라가며 운명의 패전(敗戰)을 맛보지는 않았을 것 아닌가.

그는 참으로 병법(兵法)에 어두운 자였던 것 같다.

② 배구는 맞이하지 마라(背丘勿逆).

배구란 구릉을 등에 지고 방어진지를 구축한 적군을 두고 하는 말이다. 적은 배후에 자연의 방벽을 짊어졌고, 이쪽은 적 앞에 노출해서 향해가는 것이다. 이 역시 될 수 있는 대로 그 정면공격을 피해야 한다. 역(逆)은 영(迎)과 같다.

③ 양배는 좇지 마라(佯北勿從).

양배(佯北)는 속임수로 거짓 패한 척하면서 달아난다는 뜻이다. 패배를 가장하는 것. 거짓으로 패주하는 자는 추격하지 말라는 말이다. 실로 당연하다.

④ 예졸은 치지 마라(銳卒勿攻)

고대엔 군에서 특히 정예의 군사를 모아 따로 선발대를 조직했는데, 이것은 마치 오늘날 특별한 경우에 편성하는 결사대와 비슷한 것이었다. 이것이 예졸(銳卒)이다.

이러한 선발대는 할 수 없는 경우를 제외하고는 되도록 맞서서는 안 된다. 이로움이 없다. 즉, 군은 실을 피하고 허를 쳐야 한다는 허실의 원칙을 여기서도 적용한 셈이다.

⑤ 이병은 먹지 마라(餌兵勿食).

이병(餌兵)이란 고기를 낚는 미끼에 비유해서 적의 유병(誘兵)을 가리킨 말이다. 이것에 대들어서는 물론 안 된다.

⑥ 귀사는 막지 마라(歸師勿遏).

귀사(歸師)란 전쟁터에서 떠나서 본국으로 돌아가려는 적군(敵軍)이다. 이러한 귀환군은 돌아가고 싶은 마음이 굴뚝 같으니, 이러한 군을 억지로 끌어세워 싸움을 청해서는 안 된다.

말하자면 조금이라도 공연하고 무익한 희생을 낼 필요는 없다는 뜻이다.

⑦ 위사는 반드시 궐한다(圍師必闕).

위사(圍師)란 포위군을 가리킨다. 궐(闕)한다는 그 포위선의 일각(一角)을 개방해서 적에게 퇴로를 만들어주는 것을 뜻한다.

결코 완전포위를 해서는 안 된다. 적을 완전히 포위해서 전혀 활로를 없애버리면 적은 필사(必死)의 땅에 서게 되고, 그렇게 되면 결사적인 적의 반항을 결코 무시할 수 없다. 이 또한 귀사(歸師)의 경우와 마찬가지로 공연히 무익한 희생을 내서는 안 된다는 말이다.

⑧ 궁구는 핍박하지 마라(窮寇勿迫).

궁구(窮寇)란 먹을 양식이 없고, 무기조차 없어져서, 그 때문에 스스로 일전(一戰)을 해서 사지(死地)를 벗어나려고 하는 적병이다. 이것을 추격, 급히 몰아붙이는 것은 이 또한 적을 사지에 모는 것이다. 이러한 적은 핍박하지 말아야 한다.

⑨ 절지는 머물지 마라(絶地勿留).

절지(絶地)는 절망의 땅이다. 적이 만약 일부러 군을 절지에 둘 경우엔 그 목적이 반드시 결사(決死)의 분전(奮戰)을 하려는 것이니, 이것도 또한 되도록 억류(抑留)하는 일 없이, 때가 지나 그 움직이는 것을 기다려서 이것을 누르는 방법을 찾아야 한다.

본국에서 멀리 떨어진 적지(適地)에 오래 머물러 있어도 안 된다는 뜻으로 해석해도 좋다. 여하간 무리한 유진(留陣)으로 무리한 전투는 하지 말아야 한다(이 項의 원문은 원본에 따라 다소 차이가 있다는 것을 덧붙여 둔다).

塗有所不由. 軍有所不擊. 城有所不攻. 地有所不爭. 君命有所不受.

길에 지나지 않을 곳 있다. 군(軍)에 치지 않을 곳 있다. 성(城)에 치지 않을 곳 있다. 땅에 다투지 않을 곳 있다. 군명(君命)에 받지 않을 것 있다.

字 ◆ 塗 ⇨ 길. 途와 같음. 가령, 道聽塗說같은 것을 보라. ◆ 지나지 않을 곳 있다(有所不由) ⇨ 경유해선 안 되는 곳이 있다는 뜻. 由는 지난다, 거친다.

解義 요컨대 전쟁이라 해서 앞으로 나가는 것만이 전부는 아니다. 군(軍)이라 하더라도 때로는 정치상·전략상, 또는 기타의 이유에 의해서 방법을 바꾸고, 해서는 안 되는 것이 있다.

가령—

① 군이 경유해서는 안 되는 곳. 진군해서는 안 되는 곳.

② 적이라 해서 덮어놓고 공격해서는 안 되는 적.

③ 적의 성새(城塞)라 해서 덮어놓고 공격해서는 안되는 곳.

④ 적지(敵地)라 해서 덮어놓고 쟁탈해서는 안 되는 땅.

⑤ 군명(君命)이라 해서 무조건 준봉(遵奉)만 해선 안 되는 경우.……

이상은 승리를 위해 고려해야 할 다섯 가지 변칙인데, 때와 장소에 따라 장수의 총명, 그리고 과단(果斷)에 의해서 임기응변으로 결정하지 않으면 안 된다.

故將通於九變之利者, 知用兵矣. 將不通於九變之利. 雖知地形, 不能得地之利矣. 治兵不知九變之術, 雖知五利, 不能得人之用矣.

그러므로 장수가 구변(九變)의 이(利)에 통하는 자는 용병(用兵)을 안다. 장수가 구변의 이에 통하지 않는 자는 비록 지형을 안다 하더라도, 지(地)의 이(利)를 얻을 수 없다. 군사를 다스려 구변의 술(術)을 모르면, 비록 오리(五利)를 안다 하더라도, 사람의 용(用)을 얻을 수 없다.

㊟ ◆ 九變 ⇨ 위에 나온 9개 항목을 가리킴. ◆ 地形 ⇨ 지리와 같음. 戰地의 광협, 험이 등. ◆ 治兵 ⇨ 군사를 다스린다. 통솔한다. ◆ 사람의 용(人之用) ⇨ 즉 군사를 운용하여 승리를 얻는 것.

解義 따라서 이상 구변(九變)의 이(利), 즉 용병(用兵) 작전상에도 이러한 부전적(不戰的) 경계권(警戒圈)이 있다는 것을 아는 자만이 비로소 잘 용병을 안다 할 수 있다.

말하자면 공격의 9개 원칙에 정통해야만 한다. 그러므로 장

수가 이 부전적 경계권을 모르면 설령 아무리 지형에 밝다 하
더라도 지(地)의 이(利)를 얻기는 곤란하고, 또 설령 위의 다
섯 가지 이익을 안다 하더라도 인화를 얻어서 승리로 이끈다
하는 것은 참으로 지난(至難)한 일이다.

是故, 智者之慮, 必雜於利害. 雜於利, 而務可信也. 雜於
害, 而患可解也.

이런 고로, 지자(智者)의 생각은 반드시 이해(利害)에 섞인다. 이(利)
에 섞여 힘쓰는 것을 믿을 수 있다. 해(害)에 섞여 근심을 풀 수 있다.

㊟ ◆ 이해에 섞인다(雜於利害) ⇨ 雜은 純의 반대. 사물이 뒤섞이는
  것. 즉, 이해의 양면을 아울러 생각하는 것. ◆ 힘쓰는 것을 믿을
  수 있다(務可信也) ⇨ 사무가 확실하게 진척되는 것.

解義 따라서 슬기로운 지장(智將)의 사려는 일에 당해서
언제나 반드시 이해의 양면을 생각한다. 그래서 그 한 면만 보
고, 한 면은 잊어버리는 따위는 결코 없다. 즉, 이로움 속에서
도 해를 보며 미리 조심할 때, 일은 확실히 정확하게 진척된다.
  또 그런가 하면 해로움 속에서도 이(利)의 일면이 있다는
것을 잊지 않는다. 말하자면 사선(死線)에 활로(活路)가 있다
는 것을 알고, 감연히 절망 없이 일을 해나갈 때 능히 환난을
풀 수 있는 용기와 과단이 나오게 된다.

是故, 屈諸侯者以害, 役諸侯者以業, 趨諸侯者以利.

이런 고로, 제후를 굽히는 자는 해(害)로써 하고, 제후를 부리는 자는
업(業)으로써 하고, 제후를 달리게 하는 자는 이(利)로써 한다.

　解義　따라서 지장이 손을 쓰는 것은 상대방에 따라 방법
도 여러 가지로 달라진다. 한두 가지 예를 들자.

① 가령 상대방이 공갈·협박을 해도 좋으리라고 생각되면,
이를 경고하는 데 중대한 위해(危害)로써 하고, 그 공포심에
타고들어 이것을 굴복시켜 버리려고 꾀한다.

② 공갈이 통하지 않을 자면, 가령 이것을 종용해서 급하지
도 않은 토목(土木)을 일으키게 한다든가, 또는 이것을 사주
(使嗾)해서 다른 나라와 일을 벌여 맞다투게 하는 등등, 큰 사
업을 하게 해서 재정적으로 먼저 국력을 소모하게 하는 수법·
수단을 쓴다.

③ 또 만일 상대방 나라가 이권(利權)으로 움직일 수 있다
고 보면, 그런 이(利)로써 이것을 유혹하고, 이쪽을 위해 부지
런히 뛰도록 하는 등등, 때와 장소에 따라 각기 그 분(分)에
맞도록 이해를 고려하고, 임기응변의 조치를 취하도록 한다.
말하자면 용병(用兵)에 있어서 지장은 언제나 이쪽의 뜻대로
적을 움직일 수 있다.

故用兵之法, 無恃其不來, 恃吾有以待之. 無恃其不攻, 恃
吾有所不可攻也.

그러므로 용병의 법은, 그 오지 않는 것을 믿는 것 없고, 내게 그로써
이를 기다리는 것 있음을 믿는다. 그 치지 않는 것을 믿는 것 없고, 내게
칠 수 없는 바 있는 것을 믿는다.

　解義　위와 같이 지자(智者)가 하는 방식은 어떠한 형식으
로 나타날지 전혀 예측할 수 없기 때문에, 한 나라의 병비(兵

備)는 적이 오지 않는 것을 믿을 것이 아니라, 이쪽에 언제 어떠한 경우에도 적을 기다려 싸울 수 있는 준비가 되어 있는 것을 의지로 삼아야 한다. 그런가 하면 또, 적이 공격해오지 않는 것을 믿고만 있을 것이 아니라, 이쪽에 반드시 적이 공격할 수 없는 것이 있다는 것을 믿고 그것을 의지해야만 한다. 말하자면 내 준비가 단단히 되어 있어야만 한다.

故將有五危. 必死可殺, 必生可虜, 忿速可侮, 廉潔可辱, 愛民可煩.

그러므로 장수에 오위(五危)가 있다. 필사(必死)는 죽고, 필생(必生)은 사로잡히고, 분속(忿速)은 업신여기고, 염결(廉潔)은 욕되게 하고, 애민(愛民)은 번거롭게 한다.

解義 나라의 군장(軍將)은 흔히 편의성(偏倚性)이 강하고, 이해의 양면에 걸쳐 사물을 종합해서 생각하지 못하는 다섯 가지의 위험한 성격이 있다.

즉—

① 필사는 죽는다(必死可殺).

필사의 용기는 장수로서 가장 귀중한 것이다. 그러나 이것도 너무 지나치면 안 된다. 자기 용기에만 끌려 공연히 덤비고, 그래서 결전(決戰)을 서두르는 것인데, 이것은 신중한 사려가 없어 그것이 결점이다.

따라서 이런 자는 기계(奇計)를 써서 유치(誘致)해다가 죽이는 것도 별로 어렵지 않다.

② 필생은 사로잡힌다(必生可虜).

위의 것과 반대다. 사람됨이 신중하고 사려가 있다고는 하지
만, 겁을 내고 오직 살려고만 하는 겁쟁이, 비굴한 성격은 한
나라의 군장(軍將)으로서는 너무나 부적당하다.

따라서 이런 자는 한번 쳐서, 그 담력을 빼앗아 포로로 하기
에 그다지 어렵지 않다.

③ 분속은 업신여긴다(忿速可侮).

분속(忿速)이란 사람됨이 가볍고, 고집이 세고, 작은 일에도
곧잘 화를 내는 성격 그러한 성격의 사람을 가리킨다(忿速은
古語로서 忿數와 같다).

이런 자는 업신여기고 모욕을 가해버리면 불쑥 튀어 일어나
는 습성이 있다. 그래서 분노에 치달리는 나머지 성패도 아랑
곳할 것 없고 경진(輕進)하기에 이른다. 따라서 이런 자는 술
법(術法)을 쓰기에 어렵지 않다.

④ 염결은 욕되게 한다(廉潔可辱).

염결(廉潔)이 미덕(美德)인 것은 더 말할 나위도 없다. 그러
나 그 결점은 도무지 편협하고, 오로지 자기의 체면만을 지키
기에 바쁜 나머지, 때때로 남의 오욕(汚辱)을 참지 못하는 경
향이 있다.

따라서 이런 자는 불명예스러운 치욕을 가해버리면 스스로
부끄럽게 여기고 분격하기 때문에 대번에 그 평정한 판단력을
잃어버린다.

이것도 술법을 쓰기에 어렵지 않다.

⑤ 애민은 번거롭게 한다(愛民可煩).

애민(愛民)이란 백성을 사랑하는 마음. 즉, 국민의 전화(戰
禍)에 대한 동정심이나 불쌍히 여기는 마음이 매우 강한 성격

을 말한다.

이런 자는 국민들로 본다면 참으로 고마운 일임에는 틀림없지만, 그러나 국가의 대사(大事)란 면에선 이것은 인정에 치우쳐 굳은 뜻이나 과단성이 없고, 손쉽게 적의 술법 속에 빠져버릴 결점이 있다.

따라서 이런 자는 될 수 있는 대로 그 마음을 번거롭게 하는 전략, 가령 그 나라에서 가장 무게를 두고 있는 종묘(宗廟)의 땅이나 또는 기타 중점적으로 공략하는 등, 작전을 취할 때는 눈 깜짝할 사이에 분명(奔命)에 지치게 하는 기공(奇功)을 올릴 수 있다. 분명이란 임금의 명령을 분주하게 받드는 것을 말한다(이상 다섯 개 「可」자는 「所」와 같다. 수동의 조사).

凡此五者, 將之過也. 用兵之災也. 覆軍殺將, 必以五危. 不可不察也.

무릇 이 다섯 가지는 장수의 허물이다. 용병의 재앙이다. 군을 뒤엎고 장수를 죽이는 것은 반드시 오위(五危)이다. 살피지 않으면 안 된다.

　解義　즉, 이상 다섯 가지 편의성(偏倚性), 편파성은 군을 움직이는 장수로서는 최대의 결점이다.

전쟁 수행의 방해가 된다.

예로부터 군이 결단나 없어지고, 장수가 스스로 목을 적에게 내어주는 따위 재앙이 발생하는 것은 바로 이 다섯 가지 편파성에서 온다.

깊이 생각하고 반성해야 할 일이다.

9. 행군(行軍)

행군(行軍)이란 말은 오늘날에도 그대로 쓰인다. 여기선 산지행군(山地行軍), 하천행군(河川行軍), 평지행군(平地行軍), 소택지행군(沼澤地行軍)의 네 가지 행군법이 있다는 것을 말하고, 아울러서 행군 중 적정(敵情) 정찰의 요령에 관해서 자못 상세하게 연구검토해 놓았다.

지금부터 자그만치 2천5백 년 전의 저작이라 생각할 때 참으로 놀라지 않을 수 없다. 한마디로 말해, 현상에 의해서 본질을 파악하는 관찰법은 정말 날카로운 데가 있다.

군을 전장으로 내보내는 기본문제가 그런 관찰법에 의해서 전개되고 있다.

孫子曰, 凡處軍相敵.

손자 말하되, 무릇 군을 두고 적을 본다.

　[解義]　군(軍)을 둔다, 군을 처(處)한다는 군을 처리한다, 즉 행군이다.

이 행군은 적을 보면서 움직인다. 다시 말하면 적정(敵情) 정찰과 함께 병행해서 가야 한다. 이렇게 볼 때 이 행군편은 오늘날의 경계행군(警戒行軍)과 같다고나 할까. 전편(全篇)의 내용을 총괄하고 있다.

絶山依谷. 視生處高. 戰隆無登. 此處山之軍也.

산을 끊으려면 골에 의지한다. 생(生)을 보면 높이에 있다. 높은 데서
싸우면 오르지 마라. 이것이 산에 처한 군(軍)이다.

🈂 ◆ 생을 보면 높이에 있다(視生處高) ⇨ 生은 生地, 즉 이쪽 군을
위해서 지켜야 하고 싸워야 할 땅을 가리킨다. 이런 경우엔 우선
군의 한 부대로 하여금 산중 가장 높은 곳을 점령하도록 해야 한
다. ◆ 높은 데서 싸우면 오르지 마라(戰隆無登) ⇨ 隆은 우뚝 솟
은 곳. 山中高地. 이런 고지에 적이 먼저 차지하고 있을 때의 경우
를 말한 것이다.

[解義] 우선 산지행군(山地行軍)의 경우부터 말했다.
여기에는 세 가지 점이 있다.

산을 끊는다는 것은 산을 횡단한다, 즉 산을 넘는 것을 뜻한
것으로, 이에는 먼저 골짜기에 따라서 가야 한다. 골짜기는 산
중에서 가장 경사가 급하지 않은 곳이다. 또 물 있고, 풀 있고,
인마(人馬)를 기르는 데 적당하다.

그리고 군을 위해서 생지(生地 : 死地의 반대)인 장소를 찾
으려면 될 수 있는 대로 산중의 가장 높은 곳을 차지해서 적에
게 대응할 준비를 갖추어야 한다. 그렇게 해야 살아날 수 있다.
그러나 만약 적군이 이쪽보다 먼저 고지를 점령했을 때는, 그
래서 이쪽을 기다리고 있으면, 이를 향해서 아래로부터 쳐올라
가선 안 된다. 이것이 산지행군의 첫째 요점이다.

絶水必遠水　客絶水而來, 勿迎之於水內. 今半渡而擊之利. 欲戰者, 無附於水而迎客. 視生處高. 無迎水流. 此處水上之軍也.

물을 끊으면 반드시 물에서 멀어진다. 객(客), 물을 끊고 오면 이를 물 안에서 맞이하지 마라. 반(半) 건너게 하고 이를 치면 이롭다. 싸우고 자 하는 자는, 물에 붙어서 객(客)을 맞이하지 마라. 생(生)을 보면 높이에 처한다. 물 흐르는 것을 맞이하지 마라. 이것이 수상(水上)에 처한 군이다.

[解義] 둘째로 하천행군(河川行軍)을 말한다.

여기에는 다음과 같은 몇 가지 요령이 있다.

① 물을 끊으면 반드시 물에서 멀어진다(絶水必遠水).

강을 건널 때, 도수군(渡水軍)의 선두는 건너편 언덕에 오르면 그와 동시에 신속하게 전진해서 물에서 멀어져야 한다(「물을 끊는다」는 물을 건너는 것).

만약 그렇지 못하면 어떻게 되는가. 상륙부대가 전진을 하지 않고 공연히 물가의 빈터만 차지하고 어물쩡거리고 있으면, 첫째 후속부대(後續部隊)의 상륙을 가로막고, 둘째 적의 기습을 막을 방도가 없어진다. 그래서 손해를 본다.

② 객, 물을 끊고 오면 이를 물 안에서 맞이하지 마라. 반 건너게 하고 이를 치면 이롭다(客絶水而來, 勿迎之於水內. 令半渡而擊之利).

만약 또 객군(客軍), 즉 내공군(來攻軍)이 물을 건너올 때는 그것이 아직 물 속에 있을 때는 치지 말아야 한다. 반은 상륙하고 반은 물 속에 있을 때, 그때를 타서 친다. 말하자면 적을 양단(兩斷)해서 치는 것이다.

③ 싸우고자 하는 자는, 물에 붙어서 객을 맞이하지 마라(欲
戰者, 無附於水而迎客).

또 만약, 서로가 물을 건너서 대치하고 있을 경우, 바로 물
가에 진지를 쳐서 적을 맞지 말아야 한다.

이렇게 하면, 적은 특별한 사정이 없는 한 일부러 적전도하
(敵前渡河)와 같은 위험한 모험을 감행할 리는 없다. 따라서
이런 경우엔, 전항(前項)에서와 같이 적을 반쯤 도하(渡河)시
킬 목적에서 될 수 있는 대로 강변을 떠나 진지를 잡는다. 그
렇게 해서 적의 도강(渡江)을 유인하는 작전을 취하는 것이다.

④ 생을 보면 높이에 처한다. 물 흐르는 것을 맞이하지 마라
(視生處高. 無迎水流).

이것은 적전(敵前)의 도하지점을 말한 것이다. 여기서 생
(生)을 본다는 것은 도하군을 위해 가장 유리한 지점을 확보한
다는 것을 뜻하고, 그러기 위해선 높이에 처한다. 말하자면 될
수 있는 대로 적의 진지보다 상류 쪽을 택하고, 아래 쪽으로
건너서는 안 된다.

왜냐하면, 상류는 지세가 높고, 하류는 지세가 낮다. 상류를
건너게 되면 도하군은 강을 건넌 후에도 적에 대해서 지세상
유리한 위치를 차지할 수 있기 때문이다. 어쨌든 하류에서 상
류의 적과 싸우는 것은 불리하다.

絶斥澤, 惟亟去無留. 若交軍於斥澤之中, 必依水草, 而背
衆樹, 此處斥澤之軍也.

척택(斥澤)을 건널 때는, 오직 급하게 가고 머물지 마라. 만약 군을
척택 가운데 사귈 땐, 반드시 수초(水草)에 의지하고 중수(衆樹)를 등에

하라. 이것이 척택에 처한 군이다.

　㊅　◆ 斥澤 ⇨ 沼澤과 같다. 斥은 늪이 작은 것, 늪가, 못가를 가리킴.
　　◆ 군을 사귄다(交軍) ⇨ 交軍은 合戰과 같다. 소택지에서 遭遇全
　　을 하게 되는 경우를 말한다.

　　解義 이것은 소택지행군(沼澤地行軍)의 경우를 말한 것이
다.

　소택지는 하천 이상으로 행군상 위험한 곳이다. 따라서 군이
만일 이러한 소택지에 접어들었을 때는 오직 신속하게 통과해
야만 한다. 그런 데서 어물쩡거리면 안 된다.

　그러나 만약 적과 이러한 소택지에서 만나게 되었다면, 반드
시 빨리 수초・수목이 많은 지점을 보아 그것을 배경으로 잡
고, 적을 맞이하는 것이 지(地)의 이를 얻는 방법이다.

　왜냐하면, 소택지에서 수초나 수목이 밀생(密生)하는 지점
이면 반드시 물도 얕을 것이고 군의 기동(機動)에도 편리한 점
이 많을 것이기 때문이다.

平陸處易. 右背高, 前死後生. 此處平陸之軍也.
　평륙(平陸)은 이(易)에 처(處)한다. 배고(背高)를 오른쪽으로 하고,
사(死)를 앞에 하고 생(生)을 뒤에 한다. 이것이 평륙에 처한 군이다.

　㊅　◆ 平陸 ⇨ 평지와 같은 뜻. ◆ 背高 ⇨ 背面의 高地. ◆ 사를 앞
　　에 하고 생을 뒤에 한다(前死後生) ⇨ 死地를 앞에 잡고, 生地를
　　배후에 잡아 陣地를 정한다. 死는 低地.

[解義] 이것은 평지행군(平地行軍)의 경우를 말한다. 평륙 (平陸)이란 평지를 말한다. 그리고 이(易)는 난(難)의 반대말 이다.

평지에서도 행군시 후방 연락상의 관계라든지 대적행동(對 敵行動)의 편·불편 등 각기 난이한 지점이 있겠으니, 이러한 여러 점을 고려해서, 될 수 있는 대로 편리한 지점을 선정, 행 군로를 정해야 한다.

그럴 땐 가령, 배고지(背高地)를 오른쪽으로 잡고, 적을 전 면(前面)에 맞이하고, 또 군의 후방에 기동(機動)의 여지가 있 는 지점을 골라서 나아간다. 이것이 평지행군의 요점이다.

凡此四軍之利, 黃帝之所以勝四帝也.

무릇 이 사군(四軍)의 이(利)는, 황제(黃帝)에 이긴 소이이다.

㊟ ◆ 四軍 ⇨ 山地·河川·沼澤·平地의 네 가지 행군법을 가리킨다.
◆ 黃帝 ⇨ 上古時代 三皇 중의 하나. 이름은 幹轅. 이른바 指南車 를 써서 통일의 대업을 이루었다고 하는 名君.

[解義] 이상 산지·하천·소택·평지등 네 가지 행군법의 요령은 저 유명한 황제가 사방의 네 제왕을 정벌해서 통일의 업을 이룬 유법(遺法)이다.

그만큼 틀림없는 방법이다.

凡軍好高而惡下, 貴陽而賤陰, 養生而處實, 軍無百疾. 是 謂必勝.

무릇 군(軍)은 높은 것을 좋아하고 낮은 것을 미워하며, 양(陽)을 귀히 여기고 음(陰)을 천히 생각한다. 생(生)을 길러 실(實)에 있고, 군에 백질(百疾)이 없으면, 이를 필승이라 이른다.

㊟ ◆ 양을 귀히 여기고 음을 천히 생각한다(貴陽而賤陰) ⇨ 陽은 東南, 陰은 西北의 땅을 가리킨다. ◆ 생을 길러 실에 있다(養生而處實) ⇨ 生生之氣를 길러 언제나 힘써서 건강한 곳에 있다는 뜻.

[解義] 군이 제일로 겁을 내는 것은 질병이다. 따라서 행군할 때에는 될 수 있는 대로 고지(高地)를 골라, 저습지(低濕地)를 피하고, 또 동남(東南)의 땅을 선정하되 서북(西北)의 땅은 힘써 피해서 숙영(宿營)하도록 한다.

이렇게 해서 군이 생생지기(生生之氣)를 길러 건강을 지키고, 모두가 질병이 없다면 이 한 가지만으로도 이것을 필승의 군(軍)이라 할 수 있다.

丘陵堤防, 必處其陽, 而右背之. 此兵之利, 地之助也.

구릉(丘陵) 제방(堤防)은 반드시 양(陽)에 있고, 그리하여 이를 우배(右背)로 한다. 이것이 병(兵)의 이(利), 지(地)의 도움이다.

[解義] 따라서 군이 구릉·기복 있는 땅, 또는 제방에 따라서 행군할 경우엔 반드시 숙영지를 그 동남쪽으로 잡고, 또 이것을 우배(右背)로 해서 나가야만 한다. 그러면 이것이 군사의 건강상, 대적행동상(對敵行動上)에도 지리적인 이(利)를 얻게 된다.

上雨水沫至, 欲涉者, 待其定也.

위에 비가 와 물거품 이르면, 건너고자 하는 자는 그 정(定)하는 것을 기다려라.

㊀ ◆ 上雨水沫 ⇨ 얼핏 생각하면 이 글은 상류에 비가 와서 물 위에 물거품이 생긴다는 뜻으로 해석되지만, 그러나 상류에 비가 내리고 안 내리고는 하류에선 알 수 없다. 따라서 이 구절은 눈앞의 물거품을 보고 상류에 내리는 호우를 연상할 경우를 가리킨 것으로 보면 좋다. ◆ 그 정하는 것을 기다린다(待其定) ⇨ 수면의 물거품이 진정되기를 기다린다.

[解義] 또 군이 도하(渡河)할 경우, 만일 수면이 거칠어지고, 물이 붇고 하게 되면 잠시 기다려서 사세를 관망해야 한다. 그것은 틀림없이 상류지방에 비라도 내리고 있다는 증거가 아닐 수 없기 때문이다.

그런데도 불구하고 경솔하게 도하를 계속한다면, 갑자기 물이 붇고 군이 빠져 곤경에 처할지도 모른다. 요컨대 지형에 따라 세심한 주의를 해야 한다.

凡地有絶澗·天井·天牢·天羅·天陷·天隙.　必亟去之, 勿近也.

무릇 땅에 절간(絶澗)·천정(天井)·천로(天牢)·천라(天羅)·천함(天陷)·천극(天隙) 있으면 반드시 이를 가고 가까이 하지 마라.

[解義] 또 행군에는 주의해야 할 여섯 가지 험지(險地 = 六害)가 있다.

군이 만일 이런 데 접어들면 급히 통과해서 결코 접근하지 않는 것이 좋다.

가령—

① 절간(絶澗)

간(澗)은 산과 산 사이, 험한 골짜기 물을 말한다. 즉, 절벽 이나 또는 절곡(絶谷) 안에 있는 계류지역에 해당한다.

② 천정(天井)

천연의 우물과 같은 좁은 분지를 말함.

③ 천로(天牢)

천연의 감옥과 같이 들어가기 쉽고 나오기 어려운 자루 모 양의 땅.

④ 천라(天羅)

천연의 그물과 같은 산림지대.

⑤ 천함(天陷)

천연의 함정을 닮은 소택지 따위.

⑥ 천극(天隙)

천연의 틈과 같은 골짜기의 길고 좁다란 길.

이상은 모두 행군상 가장 경계해야 할 위험한 곳이다.

吾遠之, 敵近之. 吾迎之, 敵背之.

나는 이를 멀리하고, 적은 이에 가깝게 하라. 나는 이를 맞 이하고, 적은 이에 등지게 하라.

[解義] 위와 같은 험한 곳에 접어들었을 때는 이쪽은 재빨 리 통과해서 이를 멀리하고, 그와 함께 적은 될 수 있는 대로

이에 접근케 하도록 힘쓴다. 그리고 또 이것을 사이에 두고 적과 서로 대치했을 경우 이쪽은 이것을 앞에 보도록 하고, 적은 이것을 배후에 두도록 한다.

이렇게 작전을 꾸미는 것인데, 이것은 적으로 하여금 그 배후에서의 기동력을 잃게 하기 위한 전술이다. 적을 바로 험지로 밀어붙이는 전법이다.

軍旁有險阻·潢井·蒹葭·林木·翳薈者, 必謹覆索之. 此伏姦之所也.

군(軍) 곁에 험조(險阻)·황정(潢井)·겸가(蒹葭)·임목(林木)·예회(翳薈) 있는 것은 반드시 삼가 이를 복색(覆索)하라. 이것이 복간(伏姦)의 곳이다.

> 㹠 ◆ 潢井 ⇨ 潢은 못. 井은 물이 괸 곳. 즉, 일대가 소택지인 것을 말한다. ◆ 蒹葭 ⇨ 물가의 갈대숲. ◆ 林木 ⇨ 깊은 숲지대〔林地帶〕. ◆ 翳薈 ⇨ 울창한 灌木林을 말한다. ◆ 覆索 ⇨ 몇 번이고 반복해서 수색한다.

解義 또 만약 적군이 그 진지 근처에 험악한 땅, 또는 소택, 삼림지대 등이 있는데도 일부러 이러한 요해지(要害地)를 버리고 평지에 진을 치고 있을 때엔 반드시 조심해야 한다.

왜냐하면 이런 경우엔 반드시 진지 근처의 험지에 복병을 두었거나 아니면 어떤 장치나 계교를 꾸며놓고 있기 때문이다. 옆에다 계교를 꾸며놓고 시치미를 뚝 떼고 있는 적은 매우 능청스럽다.

近而靜者, 恃其險也. 遠而挑戰者, 欲人之進也. 其所居易
者, 利也.

가깝고 고요한 자는 그 험(險)을 믿는다. 멀고 싸움을 돋우는 자는 남
이 나가는 것을 바란다. 그 있는 바 쉬운 자는 이롭다.

[解義] 본절(本節) 이하 역시 계속해서 상적(相敵)의 법을
말했다.

여기선―

① 이쪽 군이 가까이 접근해가고 있는데도 조용한 채 전혀
움직이지 않는 것은 그 요해(要害)를 믿기 때문이다.

② 먼 거리에서 도전하는 것은 남을 나오게 해서 치려는 것
이다.

③ 일부러 요해의 장소를 버리고 이지(易地), 즉 좌우가 열
린 평지에 진을 치는 것은 뭔가 꿍꿍잇속이 있는 것이다.

그 때문에 이쪽을 유혹하려는 술책이다.

鳥起者, 伏也. 獸駭者, 覆也.

새가 일어나는 것은 복(伏)이다. 짐승이 놀라는 것은 부(覆)이다.

㊟ 伏 ⇨ 숨는다. 즉 伏兵·伏戎·伏甲과 같음. ◆ 覆 ⇨ 위의 伏과
같음. 伏兵이란 뜻이다.

[解義] 새가 놀라 날거나 들짐승이 놀라서 뛰는 따위는 그
어느쪽이고 복병이 있다. 이는 적의 동정을 아는 데 중요한 길
잡이가 된다.

塵高而銳者, 車來也. 卑而廣者, 徒來也. 散而條達者, 樵採也. 少而往來者, 營軍也.

먼지 높고 날카로운 것은 수레가 오는 것이다. 낮고도 넓은 것은 무리가 오는 것이다. 흩어져 조달(條達)하는 것은 나무하는 것이다. 적게 해서 왕래하는 것은 군(軍)을 짓는 것이다.

字 ◆ 條達 ⇨ 나뭇가지가 뻗듯 사방으로 뻗어 통하는 것. ◆ 樵採 ⇨ 나무하는 것.

解義 먼지가 높이 오르고, 또 날카롭게 솟는 것은 전거대(戰車隊)가 오는 것이다. 그것이 낮고 또 넓게 번지는 것은 보병대가 오는 것이고 먼지가 흩어져서 사방으로 뻗는 것은 땔나무라도 하는 것이다. 먼지가 적고 사람이라도 왕래하는 것처럼 보이면 적의 소부대가 진지를 정하려고 적당한 곳을 찾아 다니는 것이다.

이것은 먼지 오르는 것을 보고 적의 동정을 알아내는 방법이다.

辭卑而益備者, 進也. 辭彊而進驅者, 退也. 無約而請和者, 謀也.

말[辭] 낮추고 갖춤을 더하는 것은 나아가는 것이다. 말 강하고 진구(進驅)하는 것은 물러서는 것이다. 언약 없고 화(和)를 청하는 것은 꾀하는 것이다.

解義 여기서부터는 적의 기도(企圖), 즉 꾀를 알아보는 방법이다.

첫째, 상대방이 말은 은근하고 겸손하면서도 속으로는 경비를 튼튼히 하고, 더욱 준비를 갖춘다. 이런 것은 진격해 올 꿍꿍잇속이다.

둘째, 말이 강하게 나오고, 또 금세 출동할 듯한 외양을 한다. 이런 것은 오히려 퇴각할 생각이 있는 것이다.

셋째, 먼저 교섭도 없이, 또 별로 그럴 만한 이유도 없이 돌연 화의를 제안해오는 것은 반드시 그 뒤에 뭔가 속셈이 있기 때문이다.

이 세 가지는 특별히 조심해야 한다.

輕車先出居其側者, 陣也. 奔走而陳兵者, 期也. 半進半退者, 誘也.

경거(輕車)가 먼저 나와 그 곁에 있는 것은 진치는 것이다. 분주하고 군사를 펴는 것은 기약하는 것이다. 반진(半進)・반퇴(半退)하는 것은 꾀는 것이다.

[解義] 먼저 전거(戰車)를 옆에 내놓고 본대(本隊)를 엄호하는 것같이 보이는 것은 진터를 정해서 전쟁준비를 서두르는 것이다. 다음은 진중(陣中) 왔다갔다 분주 하면서 군사의 분열(分列)・배치를 서두르는 것은 뭔가 하려는 것이 있어서 그것을 실행에 옮기기 위함이다. 또 반진(半進)・반퇴(半退), 나가는 것 같기도 하고 물러서는 것 같기도 하고 하는 것은 유병(誘兵)의 일종이다.

이런 것도 특별히 조심해야 한다

杖而立者, 饑也. 汲而先飮者, 渴也. 見利而不進者, 勞也.

지팡이를 짚고 서는 자는 굶주린 것이다. 물 길어서 먼저 마시는 자는 목마른 것이다. 이(利)를 보고 나아가지 않는 자는 지친 것이다.

[解義] 지팡이에 의지해서 서는 자는 배고프기 때문이다. 물을 길어서 자기 먼저 마시는 자는 목이 마르기 때문이다. 전리품이 눈앞에 있는 것을 보면서도 그것을 나가서 취하지 않으려는 것은 피로감이 극에 올랐기 때문이다.

이런 것은 상대방의 심리를 관찰하는 데 필요한 표적이다.

鳥集者, 虛也. 夜呼者, 恐也.

새가 모이는 것은 빈 것이다. 밤에 부르는 것은 두려운 것이다.

[解義] 적의 진터에 새가 모여드는 것은 적병들이 퇴각하고 없는 증거이며, 적의 진영에서 밤중에 큰 소리로 부르는 것은 군중(軍中) 공포에 떨며, 불안한 상태에 있기 때문이다.

이것은 적의 내정(內情)을 판단하는 한 방법이다.

軍擾者, 將不重也. 旌旗動者, 亂也. 吏怒者, 倦也.

군이 요란한 것은 장수가 무겁지 않은 것이다. 정기(旌旗)가 움직이는 것은 어지러운 것이다. 아전이 노하는 것은 게으른 것이다.

[解義] 군중(軍中)이 요란하고 떠들썩한 것은 장수의 위령(威令)이 행해지지 않기 때문이다. 진영의 깃발이 흔들리고 난잡한 것은 대오(隊伍)의 서열을 잃어버린 때문이다. 아전 즉, 장교의 노성(怒聲)이 그치지 않는 것은 사졸이 피로해서 명령

이 행해지지 않는 증거이다.

　이것도 전항과 같이 적의 내정을 알아보는 데 중요한 표적이다.

殺馬肉食者, 軍無糧也. 懸甌不返其舍者, 窮寇也.

말을 죽여 육식(肉食)하는 것은 군에 양식이 없는 것이다. 동이〔甌〕를 걸고 그 집에 돌아가지 않는 것은 궁한 도적이다.

　㊟ ◆ 甌 ⇨ 동이. 缶와 같다. 여기선 炊事道具. ◆ 窮寇 ⇨ 궁한 도적. 곤란해진 寇敵이란 뜻.

　│解義│ 군마(軍馬)를 잡아 그 고기를 먹는 것은 양식이 떨어진 때문이며, 취사도구를 버린 군사가 야영인 채 그 진영에 돌아가지 않으려는 것은 모든 것이 절망이기 때문이다. 될 대로 되라고 하는 궁구(窮寇)들이다.

諄諄翕翕, 徐與人言者, 失衆也. 數賞者, 窘也. 數罰者, 困也. 先暴而後畏其衆者, 不精之至也.

순순흡흡(諄諄翕翕) 천천히 남과 말하는 자는 중(衆)을 잃은 것이다. 자주 상(賞) 주는 것은 군색한 것이다. 자주 벌 주는 것은 곤란한 것이다. 먼저 사납고 뒤에 그 중(衆)을 두려워하는 것은 부정(不精)의 지극한 것이다.

　㊟ ◆ 諄諄 ⇨ 타이르는 태도가 다정스럽고 친절하다. ◆ 흡흡 ⇨ 마음을 합친다. 겁내는 모양. ◆ 먼저 사납고 뒤에 그 중을 두려워한다(先暴而後畏其衆) ⇨ 처음 취임할 때는 매우 위압적이었다가 뒤

에 衆心의 離反을 겁낸다.

［解義］ 군장(軍將)이라 하는 사람이 부하에게 너무 과도하게 친절하고 정중한 태도면 인심을 잃은 증거이며, 또 상을 주는 것이 도에 지나치고, 항상 상보따리만 늘어놓는 것은 군색한 증거이다.

반대로 벌 주는 것도 너무 지나치면 또 역시 인심의 이반(離反)을 겁내는 증거이다. 처음 부임할 때는 부하에게 엄격했다가 뒤에 인심의 이반을 겁내서 타협상종하는 태도로 나오면 이또한 군사(軍事)에 정통하지 못한 미숙한 증거이다.

來委謝者, 欲休息也. 兵怒而相迎, 久而不合, 又不相去, 必謹察之.

와서 위사(委謝)하는 자는 휴식하고자 하는 것이다. 군사 노하여 서로 맞이하고, 오래 불합(不合)하고, 또 서로 가지 않는 것은 반드시 삼가 이를 살필지어다.

［解義］ 싸움이 아직도 끝나지 않았는데 인질(人質) 같은 것을 보내오고, 그래서 무엇을 진사(陳謝)하거나 화목할 의사로 나온다면 전투에 너무도 지친 결과 잠시 휴식을 취했다가 재거(再擧)하겠다는 속셈이다.

적병이 분격하고 용기가 있는데도 나가서 싸우려고도 하지 않고 또 물러가려는 기색도 없는 것은 뭔가 꿍꿍잇속이 있는 것이다.

이런 것은 모두 깊이 경계해야 한다.

표면의 현상이나 언어·동작 같은 것으로 내면을 판단한다고나 할까. 손자는 참으로 만고(萬古)의 뛰어난 심리학자였다.

兵非益多也. 惟無武進, 足以併力料敵, 取人而已. 夫惟無
慮而易敵者, 必擒於人.

군사는 많은 것을 이익이 있다 하지 않는다. 오직 무진(武進)하는 것
없고, 힘을 아울러 적을 헤아리면 그로써 남을 취하기에 족할 뿐이다. 대
저 오직 생각없이 적을 업신여기는 자는 반드시 남에게 사로잡힌다.

注 ◆ 武進 ▷ 「武勇進鬪의 士」를 略한 것이란 해석도 있다. 즉, 앞에
   나온 선발대, 또는 결사대와 같은 것을 말함. ◆ 적을 헤아려 남을
   취한다(料敵取人) ▷ 적을 잘 아는 것. 둘째는 인재를 취하는 것.

解義 용병(用兵)에 있어 군사수만 많다고 되는 것은 아니
다. 또 결사대와 같은 것의 유무도 그다지 깊은 관계가 없다.
요컨대 우선 한쪽으로 적정(敵情)을 잘 헤아려 알아야 한다.
   그리고 다음에는 인재를 발탁해서 적소에 배치하고, 그렇게
해서 이쪽의 실력을 충실하게 할 일이다.
   이 두 가지 점이 중요하다.

卒未親附而罰之, 則不服. 不服則難用也. 卒已親附而 罰不
行, 則不可用也. 故令之以文, 齊之以武. 是謂必取.

졸(卒) 아직도 친부(親附)하지 않았는데 그런데도 이를 벌하면, 즉 복
종하지 않는다. 복종하지 않으면 즉 쓰기 어렵다. 졸(卒) 이미 친부하였
는데, 그러고도 벌 행해지지 않으면, 즉 쓸 수 없다. 그러므로 이를 시키
는 데 문(文)으로써 하고, 이를 정제하는 데 무(武)로써 한다. 이를 필취
(必取)라 이른다.

釋 ◆ 이를 시키는 데 문으로써 한다(令之以文) ⇨ 恩愛의 道로써 군
사를 教導한다는 것. ◆ 이를 정제하는 데 무로써 한다(齊之以武)
⇨ 벌칙을 강화해서 사기를 떨친다는 것.

解義 장수(將帥)가 부하를 거느릴 땐 특히 조심해야 한다.
부임한 지도 얼마 안 되고, 부하 장병들과 친숙하지도 않은데,
처음부터 엄격만 해서 벌칙을 강화하고 위압적으로 통어(通御)
하려 한다면 인심이 따라올 리 만무하다. 인심이 따르지 않으
면 이것을 부리는 것조차 되지 않을 일이다.
    반면, 부하 장병들과 매우 친해졌으나 그렇다고 해서 온정이
넘치고, 이에 벌칙을 행할 수 없으면, 이 또한 실제로 군사를
부리기는 어려운 일이다.
    이 점이 바로 어려운 점이다.
    따라서 장수는 우선 은애(恩愛)로써 부하들과 친해야 하고,
다음은 법과 벌을 엄격히 해서 사기를 진작하지 않으면 안 된
다. 그렇게 해서 장수의 은위(恩威)가 아울러 행해질 때, 바로
이것을 백전백승의 군이라 할 수 있다.

令素行以教其民, 則民服. 令不素行以教其民, 則民不服.
令素行者, 與衆相得也.
    영(令)이 본디 행해지고, 그로써 백성을 가르치면 즉 백성은 복종한
다. 영이 본디 행해지지 않고 그로써 백성을 가르치면 즉 백성은 복종하
지 않는다. 영이 본디 행해지는 것은 중(衆)과 더불어 서로 얻음이다.

解義 국가가 중대한 위기에 접어들었을 때, 국민들이 한
장수의 명령에 따라 달게 사지(死地)에 오르는 까닭은 국가가

평소에 언제나 정령(政令)의 보급에 힘쓰고, 그렇게 해서 국민의 교도(敎導)에 힘써왔기 때문이다. 그러나 반대로 국가가 애초에 국민의 교화(敎化)에 힘쓰지 않았다고 하여 보자. 그래서 일조유사시에 이를 채찍질하고 강제를 한다고 하자.

그것으로 인심이 따를 것인가. 결코 뜻대로 복종하지 않을 것은 뻔한 이치이다. 따라서 평소에 정령을 잘 보급시키느냐 못 시키느냐에 달려 있다. 또 그것은 그 정령이 시대의 민심에 잘 맞고, 국민으로 하여금 기꺼이 이를 준봉(遵奉)케 할 수 있는 것인가 없는 것인가, 그만한 정령이 되는가 못 되는가에 달려 있다.

이 점은 위정자들이 자못 조심해야 할 점이다. 손자는 인심 파악과 부하 장악의 법칙을 이토록 엄밀하게 밝혀 놓았는데, 이것은 오늘날에 있어서도 조금도 틀리지 않다.

10. 지형(地形)

천시(天時)는 지리(地利)만 못하다고 한다.

여기선 특히 지리, 즉 지(地)의 이(利)에 관한 연구를 해놓았는데, 이것은 이 지형편과 다음 편에까지 걸쳐서 설명된다.

또 끝에 가선 장수의 육과(六過)의 설(說)을 들어, 지(地)와 인(人)과 아울러서 승패의 계기를 자득(自得)할 수 있는 원리를 밝혀놓았다. 말하자면 패배의 원인, 장수의 책임과 역할 같은 것을 들고 있다.

孫子曰, 地形, 有通者. 有掛者. 有支者. 有隘者. 有險者. 有遠者.

손자 말하되, 지형에 통자(通者) 있다. 괘자(掛子) 있다. 지자(支者) 있다. 애자(隘者) 있다. 험자(險者) 있다. 원자(遠者) 있다.

　解義　먼저 지형에 여섯 가지 구별이 있다는 것을 들었다. 즉, 통(通)·괘(掛)·지(支)·애(隘)·험(險)·원(遠)이다. 이 뜻은 다음으로 내려가면서 차례로 설명된다.

我可以往, 彼可以來, 曰通. 通形者, 先居高陽, 利糧道以戰則利.

나 갈 수 있고, 저 올 수 있는 것을 통(通)이라 한다. 통형(通形)은 먼저 고양(高陽)에 있고, 양도(糧道)를 이롭게 하며, 그로써 싸우면 즉 이(利) 있다.

解義 내가 갈 수 있고, 그가 올 수 있는 땅이라 함은 적과 이쪽이 서로 접촉하지 않고 동시에 왕래할 수 있는 광막한 평원지 같은 것을 가리킨다. 이런 평원지는 중국에선 도처에 있다.

이것을 통형(通形)의 땅이라 이름 붙인 것은 참으로 그럴싸하지 않은가.

이러한 땅에서 적에게 앞서 지(地)의 이(利)를 얻으려면, 첫째 남쪽에 면한 고지를 선점해야 한다.

둘째는 양도(糧道), 즉 군의 후방 연락에 편리한 지점을 골라잡아야 한다.

그래서 보급로를 정비하고, 싸우면 유리하다.

可以往, 難以返, 曰掛. 掛形者, 敵無備, 出而勝之. 敵若有備, 出而不勝. 難以返不利.

갈 수 있고, 돌아오기 어려운 것을 괘(掛)라 한다. 괘형(掛形)은 적 갖춤 없으면 나가서 이를 이긴다. 적 만약 갖춤 있으면 나가서 이기지 못한다. 그로써 돌아오기 어렵고 불리하다.

解義 가기 쉽고 돌아오기 어려운 땅을 괘형(掛形)의 땅이라 한다.

가령 군이 산 중턱, 산복(山腹)에 진을 쳤을 때, 그리고 적을 앞쪽 평지에 두고 있는 경우가 이에 해당한다.

이런 진지에 있으면서 나가서 싸우려 한다면, 정반대의 득실과 이해가 있다 만약 적의 불비(不備)를 타고든다면 이로움이 있고, 득이 있다. 그러나 반대로 적의 준비가 갖춰진 것조차 돌아보지 않고, 돌격을 감행할 경우, 군은 돌아오기 어렵고, 진퇴양난의 궁지에 빠져들기가 십상이다.

깊이 경계해야 할 위치의 땅이다.

我出而不利, 彼出而不利, 曰支. 支形者, 敵雖利我, 我無出也. 引而去之, 令敵半出而擊之利.

나 나가서 이롭지 않고, 저 나와서 이롭지 않은 것을 지(支)라 한다. 지형(支形)은 적(敵) 비록 나를 이롭게 한다 하더라도 나 나가지 마라. 이끌어서 이를 떠나고, 적으로 하여금 반(半) 나오게 해서 이를 치면 이롭다.

解義 이쪽에서 나가 싸워도 불리하고, 저쪽에서 나와 싸워도 불리한 것, 즉 어느쪽이나 먼저 나가서 거는 쪽이 불리한 위치에 서게 되는 것을 지형(支形)의 땅이라 한다.

이러한 땅에선 설혹 적이 이(利)를 가지고 유혹해온다 하더라도 결코 출동해서는 안 된다. 최상의 전략(戰略)은 여기서 퇴각, 적이 반쯤 그 진지를 떠나서 추격해왔을 때, 바로 그때를 잡아 급히 선회, 역격(逆擊)하는 것이다.

隘形者, 我先居之, 必盈之以待敵. 若敵先居之, 盈而勿從, 不盈而從之.

애형(隘形)은, 나 먼저 이에 있으면, 반드시 이를 차[盈]게 해서 그로써 적을 기다린다. 만약 적이 먼저 이에 있고, 차면 좇지 마라. 차지 않으면 이에 좇으라.

[解義] 애형은 출입하는 입구가 **좁다란 병 모가지 같은 땅**을 말한다. 이러한 땅에서 내가 먼저 이것을 차지하고 있을 때는 반드시 그 모가지를 막고 적을 기다려야 한다.

그러나 만약 적이 먼저 이것을 점령했을 때에는 무리하게 침입해서는 안 된다.

그럴 땐 적이 차 있지 않은, 즉 방비가 충분하지 못한 지점을 찾아서 접근하는 작전을 취해야 한다.

險形者, 我先居之, 必居高陽以待敵. 若敵先居之, 引而去之, 勿從也.

험형(險形)은, 나 먼저 이에 있으면, 반드시 고양(高陽)에 있고 그로써 적을 기다린다. 만약 적이 먼저 이에 있으면, 이끌어서 이를 떠나고, 좇지 마라.

[解義] 험형, 즉 천험(天險)의 땅은, 이것을 먼저 차지한 자로 보면 이른바 과(寡)로써 중(衆)을 기다리는 셈이 된다. 따라서 이쪽이 먼저 이런 땅에 웅거(雄據)할 때는 반드시 남쪽의 고지에 진을 쳐서 적을 기다려야 한다.

반면, 만약 적이 먼저 이것을 차지하고 있을 땐 이쪽은 반드시 후퇴해야 한다. 상대해서는 안 된다. 상대했다가 공연히 끌려 무리한 전쟁을 하면 이쪽만 불리하다.

遠形者, 勢均難以挑戰. 戰而不利.

원형(遠形)은, 형세 고르면 그로써 싸움을 걸기 어렵다. 싸우면 이에 이롭지 않다.

　　解義 원형, 즉 이쪽 저쪽 멀리 거리를 두고 떨어져서 서로
대치하고 있을 경우, 만약 피아의 실세력(實勢力)이 막상막하
이면 먼저 싸움을 건 쪽이 불리한 위치에 서게 된다.
　　왜냐하면 멀리 나가야 하는 때문이다.
　　이 점을 기억해야 한다.

　凡此六者, 地之道也. 將之至任, 不可不察也.
　무릇 이 여섯 가지는 지(地)의 도(道)다. 장수의 지임(至任), 살피
지 않으면 안 된다.

　　解義 이상 여섯 가지 종류의 지형·지상(地相)은 전지(戰
地)를 보는 길이고, 이것을 고찰 연구해서 병(兵)의 운용에 잘
못이 없도록 하는 것은 장수의 덧없이 중대한 책임이다.
　　이것이 지(地)의 이(利)의 법칙이다.

　故兵有走者. 有弛者. 有陷者. 有崩者. 有亂者. 有北者. 凡
此六者, 非天地之災. 將之過也.
　그러므로 병(兵)에 주자(走者) 있다. 이자(弛者) 있다. 함자(陷者) 있
다. 붕자(崩者) 있다. 난자(亂者) 있다. 배자(北者) 있다. 무릇 이 여섯
가지는 천지의 재앙이 아니다. 장수의 허물이다.

　　解義 따라서, 위의 지형·지상을 보지 못하기 때문에 그로
인해서 생기는 군사에 여섯 가지 패형(敗形)이 있다.
　　즉, 주(走)·이(弛)·함(陷)·붕(崩)·난(亂)·배(北)이다.

이 여섯 가지 패형은 장수의 불명(不明)에서 자초한 과실이지 결코 천지의 재앙이나 자연의 불가항력에서 오는 것은 아니다. 따라서 이것은 지형과 아울러서 깊이 생각할 필요가 있다.

夫勢均, 以一擊十曰走.

대저 세(勢) 고르고, 하나로써 열을 치는 것을 주(走)라 한다.

[解義] 군사의 소질이나 군기(軍器)의 정조(精粗), 군수품의 공급 등, 군으로서의 실력은 서로가 백중(伯仲)하는데, 지휘관인 자가 자기의 용기만을 믿고, 하나로써 열을 치는 것과도 같은 경거망동으로 나갔다고 하자. 그래서 적을 공격했다면 이럴 경우 그 공격이 제대로 성공할 수는 없다.

그것은 스스로 패주(敗走)의 길을 간 것이나 다름없다. 따라서 이와 같이 무모한 장수를 받들고 있는 군대를 가리켜 주병(走兵)이라 한다.

卒强吏弱曰弛.

졸(卒), 강하고 이(吏) 약한 것을 이(弛)라 한다.

[解義] 졸, 즉 군사는 강하고, 이 즉 장교가 약한 것은, 장교나 하사의 소양이 부족해서 그 때문에 군사가 교만해져 통어하기 어려운 경우를 말한다. 이렇게 되면 군은 이른바 하극상이 되고, 군기(軍紀)는 이완해서 전투력이 자연 떨어질 수밖에 없는 것은 명백하다.

따라서 이런 것을 이병(弛兵)이라 한다.

吏强卒弱曰陷.

이(吏) 강하고 졸 약한 것을 함(陷)이라 한다.

　　解義 위와 반대다. 즉, 장교나 하사의 소양은 좋은데 군사의 훈련이 부족해서 실전(實戰)을 견뎌내지 못할 경우를 말한다. 따라서 이것을 함병(陷兵)이라 한다.

　　함(陷)은 함정(陷穽)의 함으로, 말하자면 이런 군사를 실전에 쓸 때는 마치 함정으로 끌어가는 것과 같다는 뜻이다.

大吏怒而不服, 遇敵懟而自戰, 將不知其能, 曰崩.

대리(大吏) 노하여 복종하지 않고, 적을 만나면 원망하여 스스로 싸운다. 장수 그 능(能)을 모르는 것을 붕(崩)이라 한다.

　　解義 이것은 장수가 장수에 대해서 기량(器量)·기국(器局)이 없는 경우를 말한다.

　　여기서 큰 아전·대리(大吏)라는 것은 군의 으뜸가는 여러 장성, 즉 총사령관 바로 아래에 있는 각 군단장이나 사단장, 또는 그 아래에 여단장(旅團長)이나 연대장급의 간부 장교 전부를 가리키는 것이다.

　　이들 대리가 장수를 제대로 얻지 못한 까닭에 마음속으로 각기 분노를 품고 그 통제를 따르지 않는다. 또 적을 만나면 사사로운 분노로 제각기 멋대로 싸우게 된다. 따라서 장수된 자가 이러한 군을 통어할 능력을 잃었을 때엔 그 군의 운명은 알고도 남음이 있지 않은가.

　　더 말할 나위도 없이, 이러한 군은 스스로 붕궤(崩潰)의 길을 가는 수밖에 없다.

將弱不嚴. 敎道不明. 吏卒無常, 陳兵縱橫, 曰亂.

장수, 약하고 엄하지 않다. 교도(敎道) 밝지 않다. 이졸(吏卒) 무상
(無常)하고, 군사를 펴는 것, 종횡(縱橫)한 것을 난(亂)이라 한다.

⊞ ◆ 吏卒無常 ⇨ 장교의 경질을 빈번하게 하기 때문에 將과 兵이 친
밀감이 없다는 말. 즉 장교는 언제나 서먹서먹한 부대에 취임하고,
병사는 언제나 마음내키지 않는 隊長 아래 있게 되는 것을 가리킴.
◆ 陳兵縱橫 ⇨ 군사를 배치하는 것이 질서가 없고, 난맥을 가져오
는 것을 말함.

解義 또 장수된 자가 의지박약하여, 군무(軍務)에 있으면
서 확호불발한 신념이 없다. 그 때문에 제반 지휘, 명령이 밝
지를 못하고, 자주 장사(將士)의 경질을 일삼아 장졸(將卒)의
친화를 잃고, 군사배치의 난맥을 드러낸다. 그런 군은 스스로
궤란(潰亂)의 길을 갈 뿐이다.

將不能料敵. 以少合衆, 以弱擊强, 兵無選鋒, 曰北.

장수, 적을 헤아리지 못한다. 소(少)로써 중(衆)을 모으고, 약(弱)으
로써 강(强)을 치고, 군사에 선봉 없는 것을 배(北)라 한다.

解義 이것은 위와 반대다. 즉, 장수의 사람됨이 담용(膽
勇)에 넘쳐 씩씩하고 좋기는 하지만, 기분에 맡겨 적을 본다.
말하자면 적정(敵情)을 정확하게 객관적으로 관찰할 생각이 없
다.

그래서 이따금 과병(寡兵)으로 적의 대군(大軍)에 맞선다든
가, 또는 준비 불충분의 열약한 군대를 이끌고 강적에 대든다
든가, 이와 같이 상대방을 생각지 않고 무모하게 저돌만 하는
자는 역시 스스로 패배의 길을 갈 뿐이다.

凡此六者, 敗之道也. 將之至任, 不可不察也.

무릇 이 여섯 가지는, 패(敗)의 길이다. 장수의 지임(至任), 살피지
않으면 안 된다.

[解義] 이상 여섯 가지는 군으로서 스스로 패배의 길을 가
는 것이고, 따라서 그 책임은 모두 장수에게 있다. 장수가 군
사(軍事)에 미숙한 데서 오는 것이다.

이 또한 깊이 생각해야 한다.

夫地形者, 兵之助也. 料敵制勝, 計險阨遠近, 上將之道也.
知此而用戰者必勝. 不知此而用戰者必敗.

대저 지형(地形)은 병(兵)의 도움이다. 적을 헤아려 승(勝)을 제(制)
하고, 험액(險阨), 원근을 재는 것은 상장(上將)의 길이다. 이를 알고 용
전(用戰)하는 자는 반드시 이기고, 이를 알지 못하고 용전하는 자는 반
드시 패한다.

[주] ◆ 적을 헤아린다(料敵) ⇨ 敵情을 탐색하는 것. ◆ 險阨 ⇨ 길이
험하고 막힌 것. 險隘와 같음. ◆ 上將 ⇨ 名將, 智將과 같음.

[解義] 지형은 원래 용병상의 보조, 즉 종속된 요건 이다.
이것을 이용해서 승패에 보탬이 되도록 하고 안 하고는 요컨대

사람에게 달렸다.

따라서 첫째 먼저 적을 알 것. 그리고 나서 여기에 대한 승산을 세울 것. 그런 뒤 땅의 원근, 험액을 생각해서 전승(全勝)의 길로 간다. 이것은 명장인 자가 반드시 지켜야 할 길이다.

이러한 지(地)와 인(人)과의 주종관계를 알고서 군사를 부리는 자는 반드시 상승장군(常勝將軍)이 되고, 그렇지 않은 자는 반드시 패군의 장수를 면할 길이 없을 것이다.

故戰道必勝, 主曰無戰, 必戰可也. 戰道不勝, 主曰必戰, 無戰可也. 故進不求名, 退不避罪, 唯民是保, 而利於主, 國之寶也.

그러므로 전도(戰道) 반드시 이기면, 임금이 싸우지 말라 해도 반드시 싸워서 옳다. 전도 이기지 못하면, 임금이 반드시 싸우라 해도 싸움 말아서 옳다. 그러므로 나아가 이름을 구하지 않고, 물러서서 죄를 피하지 않고, 오직 백성 이를 보전하고, 그리하여 임금을 이롭게 하는 자는 나라의 보배이다.

[解義] 따라서 장수된 자는 적에 대해 마음속으로 필승의 자신을 얻었을 경우엔 설령 군주의 명령이 싸우지 마라 하더라도 단연코 싸워야 한다.

이와 반대로, 전도에 필승의 자신이 없을 때엔 설령 군주의 명령이 싸우라 하더라도 장수된 자는 싸우지 말아야 한다.

이러한 입장은 장수로서 매우 곤란하다. 따라서 군의 장수된 자는 스스로 나아가서 공명(功名)·이달(利達)할 생각은 버린다. 또 자칫 잘못되면 물러서서 사죄(死罪)받을 각오의 굳은 결심조차 갖고, 그래서 오직 안중에 국리민복(國利民福)과 군주에 대한 충성심 이외 하등의 사심도 없는 크나큰 인격·인품일 것이 절대 필요하다.

임란(壬亂) 때의 이순신은 그만한 장군이 아니던가. 이러한 명장이야말로 참으로 나라의 보배이다.

視卒如嬰兒. 故可與之赴深谿. 視卒如愛子. 故可與之俱死.

졸(卒)을 보는 것 영아(嬰兒)와 같다. 그러므로 이와 더불어 깊은 시내에 갈 수 있다. 졸을 보는 것 애자(愛子)와 같다. 그러므로 이와 더불어 함께 죽을 수 있다.

[解義] 장수는 군을 통솔하는 데 있어서, 첫째가 어버이의 마음으로 군사를 대할 것, 그것이 무엇보다도 중요한 문제다.

지금 군사를 보는 것은 내 어린 아들딸과 같고, 또 그런 귀여운 아들딸처럼 할 때만이 같이 손을 잡고 심산 계곡에도 갈 수 있고, 또 함께 기꺼이 사지(死地)를 밟을 수도 있다. 이야말로 장수로서 지극히 중요하다.

愛而不能令, 厚而不能使. 亂而不能治. 譬如驕子, 不可用也.

사랑하여 명령할 수 없다. 후하여 쓸 수 없다. 어지러워 다스릴 수 없다. 비유하건대 교자(驕子)와 같이 쓸 수가 없다.

[解義] 그러나 그렇다고 또 다른 면이 있는 것을 잊어서는 안 된다. 군사들을 내 아들딸처럼 어루만져 보살피는 한편 또 한쪽으로는 이것을 크게 경계하지 않으면 안 된다.

즉 너무 사랑하는 나머지 때가 되어도 사지(死地)에 보낼 명령을 내리지 못한다. 또 너무 후하게 대해주는 나머지 군사들을 엄정한 군율(軍律)에 묶어두지 못한다.

또 그런가 하면, 군사들을 너무 귀여워하여 가까이 해놓아서 나머지 법을 어겨도 다스리지를 못한다. 눈물을 짓씹으며 형벌을 가하지 못한다.

이렇게 되면 버릇없는 방자한 자식에게 손을 쓸 수 없는 것처럼, 군사는 도저히 실지로 부릴 수가 없게 된다.

知吾卒之可以擊, 而不知敵之不可擊, 勝之半也. 知敵之可擊, 而不知吾卒之不可以擊, 勝之半也. 知敵之可擊, 知吾卒之可以擊, 而不知地形之不可以戰, 勝之半也.

내 졸(卒)의 칠 수 있는 것을 알고, 적의 칠 수 없는 것을 모르는 것은 승(勝)의 반이다. 적의 칠 수 있는 것을 알고, 내 졸의 칠 수 없는 것을 모르는 것은 승의 반이다. 적의 칠 수 있는 것을 알고, 내 졸의 칠 수 있는 것을 알아도, 지형(地形)의 싸울 수 없는 것을 모르는 것은 승의 반이다.

解義

요컨대—

① 이쪽 군사의 힘이 능히 적을 칠 수 있는 것을 아나, 한쪽으로 적의 형세 아직도 칠 수 없는 것이 있다는 것을 모른다.

② 적의 형세 칠 만한 것이 있는 것을 아나, 한쪽으로 이쪽 군사의 힘이 아직도 이것을 칠 수 없다는 것을 알지 못한다.

③ 적의 형세, 칠 수 있고, 또 이쪽 군사도 이것을 능히 칠 수가 있다는 것을 아는데, 한편 지(地)의 이(利)에 있어서 아

직도 싸워서는 안 되는 것이 있다는 것을 모른다.

이상 세 가지를 모르는 자는 그 어느 쪽도 승리의 반밖에 이르지 못했다. 따라서 이런 것으로 싸우면 어떻게 되는가.

일승일패, 말하자면 승리도 패배도 결정적인 것이 못되고, 다만 우연한 결과를 기다리는 것밖에 되지 않는다.

이런 것은 물론 명인(名人)이 할 일이 아니다.

故知兵者, 動而不迷. 擧而不窮. 故曰, 知彼知己, 勝乃不殆. 知天知地, 勝乃可全.

그러므로 병(兵)을 아는 자는 움직여서 미혹하지 않는다. 들어서 궁진하지 않는다. 그러므로 말하되, 저를 알고 나를 알면, 승(勝) 이에 위태하지 않다. 하늘을 알고 땅을 알면, 승 이에 온전할 수 있다.

[解義] 이 일절(一節)은 뜻이 매우 깊다. 여기에 따르면 전승(全勝)의 길은 단지 그를 알고 나를 아는 데에만 그치는 것이 아니고, 여기서 더 나아가 하늘을 알고 땅도 알아야 한다.

이 세 가지 요소를 모두 알아야 한다.

따라서, 이와 같이 명장은 처음부터 전승의 법에 의해 움직이기 때문에, 한번 발동하면 중도에서 결코 미혹하거나 당황해하지 않고, 일단 나선 이상은 결코 중간에서 막히거나 꺾이지 않는다.

다시 요약하면—

① 저를 알고 나를 알면, 전승(戰勝)의 길은 위태하지 않다. 그리고 더 나아가,

② 하늘을 알고 ③ 땅을 알기에 이르면 여기서 비로소 전승

의 길, 만전(萬全)의 길에 달할 수 있다.

이는 천시(天時)와 지리(地利)가 중요하다는 뜻이다.

11. 구지(九地)

여기서도 또 지(地)의 이(利)를 들었다. 그러나 전편과는 달리, 여기선 오직 인정(人情)을 근본으로 한 주관적 견지에 근거해서 다시 아홉 가지의 전지(戰地)가 있다는 것을 제시해 놓았다.

전편과 표리일체를 이루며, 아울러서 지의 이에 관한 흥미 있는 연구를 보여준다. 말하자면 이쪽 저쪽이 놓여 있는 상황을 아홉 가지 경우로 분류해서 거기에 각기 맞는 법을 들고, 사지필전(死地必戰)의 비결을 가르쳐 준다.

孫子曰, 用兵之法, 有散地. 有輕地. 有爭地. 有交地. 有衢地. 有重地. 有圮地. 有圍地. 有死地.

손자 말하되, 용병(用兵)의 법에는, 산지(散地) 있다. 경지(輕地) 있다. 쟁지(爭地) 있다. 교지(交地) 있다. 구지(衢地) 있다. 중지(重地) 있다. 비지(圮地) 있다. 위지(圍地) 있다. 사지(死地) 있다.

[解義] 먼저 구지(九地)의 종목을 들었다.

① 산지 ② 경지 ③ 쟁지 ④ 교지 ⑤ 구지 ⑥ 중지 ⑦ 비지 ⑧ 위지 ⑨ 사지.

이에 대한 설명은 다음 내려가면서 차례로 나온다.

諸侯自戰其地, 爲散地.

제후(諸侯) 스스로 그 땅에 싸우는 것을, 산지(散地)로 삼는다.

[解義] 제후가 스스로 자기 나라에서 싸울 경우, 즉 적을 자기 나라 영토에 끌어들여 싸울 경우, 그 전지를 산지(散地)라 한다. 산지의 산(散)이란 사기(士氣)가 산란(散亂)하고 저상(沮喪)되기 쉬운 것, 그런 땅이란 의미이다.

자기 나라 영토 내에 있는 군은 집이 가깝고 고향이 가까워서 자연히 싸움에도 전념할 수가 없게 되고, 따라서 결사적인 침입군에 비하면 사기는 저절로 산일(散逸) 저상되기 쉬운 위험한 땅이다.

入人之地而不深者, 爲輕地.

남의 땅에 들어가 깊지 않은 것을, 경지(輕地)로 삼는다.

[解義] 적국(敵國)에 침입해 들어가서 아직 그다지 깊이 들어가지 않았을 때, 그 군의 현재지를 경지(輕地)라 한다. 경지의 경(輕)이란 인심이 가볍게 동요되기 쉬운 땅이란 뜻이다.

그도 그럴 것이 국경을 넘어 적지에 들어간 것이 그다지 깊지가 않다. 뒤에는 자기 나라가 있고, 앞에는 생소한 적국의 영토가 뻗어 있다. 이런 경우 인심이란 반은 집 생각, 반은 앞날의 위험을 염려한다. 그래서 마음이 고정될 수 없다. 전의(戰意)와 투지는 쉽게 동요된다. 바로 그러한 동요되기 쉬운 경지(境地)에 있다.

我得亦利, 彼得亦利者, 爲爭地.

내가 얻어도 또 이롭고, 저쪽이 얻어도 또 이로운 것을, 쟁지(爭地)로 삼는다.

[解義] 이것은 쟁지(爭地)에 대한 설명이다. 즉, 이쪽 저쪽 이 서로 차지하려고 다투는 땅, 이런 땅을 쟁지라 한다.

오늘날 말하는 쟁탈지가 바로 이것이다.

我可以往, 彼可以來者, 爲交地.

나 그로써 갈 수 있고, 저 그로써 올 수 있는 것을, 교지(交地)로 삼는다.

[解義] 이것은 이미 지형편에 나온 통형(通形)의 땅에 해당한다. 즉, 이쪽 저쪽이 서로 엇갈리면서 왕래가 자유로운 땅, 이런 땅을 교지라 한다.

諸侯之地三屬, 先至而得天下之衆者, 爲衢地.

제후의 땅 삼속(三屬)하고, 먼저 이르러 천하의 중(衆)을 얻는 것을, 구지(衢地)로 삼는다.

[解義] 제후의 땅이 삼속(三屬)한다는 것은 말하자면 한 나라의 국경이 여러 나라에 걸쳐 붙어 있는 경우를 말한다.

삼속이란 말은 반드시 세 나라가 경계하고 있다는 뜻은 아니다. 이것은 하나의 형용 어구로, 다수를 뜻하는 것으로 보면 된다.

이러한 나라가 당사국 간에 개재할 때, 먼저 들어가서 이것

을 자기 편으로 끌어들인 자가 자연히 우월한 위치에 있게 될
경우, 그와 같은 개재국의 위치를 구지(衢地)라 한다. 구지의
구(衢)는 네거리, 즉 십자로를 말한다. 말하자면 이러한 나라
는 마치 사람들이 많이 지나가는 네거리, 사통팔달한 십자로와
같이 요충지가 되는 셈이다.

入人之地深, 背城邑多者, 爲重地,

남의 땅에 들어간 것 깊고, 성읍을 등지는 것 많은 것을 중지(重地)로
삼는다.

解義 깊이 적지에 침입해서 그 나라의 많은 성새나 도읍
을 멀리 등졌을 때, 말하자면 중중첩첩으로 적지에 깊숙이 침
입해 들어갔을 때, 이것을 중지(重地)라 한다.

침입군이 이쯤 들어가면 이미 손쉽게 돌아올 수는 없다. 생
환(生還)의 길은 오직 적을 격파하고, 그렇게 해서 원정의 목
적을 달성하기 전에는 있을 수 없다. 따라서 어려운 땅이라 한
다.

山林・險阻・沮澤・凡難行之道者, 爲圮地.

산림・험조(險阻)・저택(沮澤), 무릇 가기 어려운 길은 비지(圮地)로
삼는다.

解義 이것은 행군편에 나온 이른바 천라(天羅)・천함(天
陷) 등의 땅에 해당한다.

산림이 울창한 곳, 험조(險阻) 오르기 어려운 곳, 늪지대 등
위험한 곳은 행군상 가장 곤란한 땅이다. 따라서 이런 땅을 일

괄해서 비지(圮地)라 한다. 비지의 비(圮)는 언덕이 무너진다는 뜻으로, 군을 뒤엎거나 파멸로 이끄는 땅이란 뜻이다.

所由入者隘, 所從歸者迂, 彼寡可以擊吾之衆者, 爲圍地.

말미암아 들어가는 바 좁고, 좇아서 돌아올 바 멀고, 저 과(寡)로써 나의 중(衆)을 칠 수 있는 것을 위지(圍地)로 삼는다.

[解義] 이것은 지형편에 나오는 애형(隘形)의 땅에 가깝다.

입구가 좁아 들어가기 어렵고, 한번 들어가 놓으면 퇴로가 끊겨 돌아나올 수가 없으며 그렇다고 따로 귀로를 찾으려고 하면 멀리 다른 곳으로 우회로를 취하지 않으면 안 되는 땅, 즉 아주 큼직한 자루 같은 지역을 말한다. 따라서 이런 땅에서 적은 천험(天險)을 이용해 비교적 적은 군사만으로써도 이쪽의 대군을 손쉽게 맹격할 수가 있다.

이런 땅을 위지(圍地)라 한다.

疾戰則存, 不疾戰則亡者, 爲死地.

급히 싸우면 남고, 급히 싸우지 않으면 망하는 것을 사지(死地)로 삼는다.

[解義] 급하게 싸우면 활로가 열리고, 급히 싸우지 않으면 전멸을 면할 수 없는 땅, 이런 땅을 사지(死地)라 한다.

이는 속전·속결이 불가피한 지역이다.

是故, 散地則無戰, 輕地則無止. 爭地則無攻, 交地則無絶,

衢地則合交. 重地則掠. 圮地則行. 圍地則謀. 死地則戰.

이러므로, 산지(散地)에선 싸우지 마라. 경지(輕地)에선 머물지 마라. 쟁지(爭地)에선 치지 마라. 교지(交地)에선 끊지 마라. 구지(衢地)에선 교(交)를 모은다. 중지(重地)에선 노략한다. 비지(圮地)에선 간다. 위지(圍地)에선 꾀한다. 사지(死地)에선 싸운다.

[解義] 여기선 위의 글을 받아 구지(九地)에 대처하는 방편을 설명했다.

문장이 짧지만 그만큼 중요함을 얻었다고나 할까.

즉—

① 산지에선 싸우지 마라(散地則無戰)

산지는 군의 사기가 산란하고 저상되기 쉬운 땅이다. 따라서 결사적인 침입군에 비기면 이쪽 군은 의기(意氣)에 있어서 우선 꿀리지 않을 수 없다. 그렇기에 산지에선 싸우지 말라는 것이다. 이 싸우지 말라는 말에 대해선 그 의미를 놓고 예로부터 해석이 분분하다.

그건 여하간, 그러면 싸우지 않고 어떻게 하라는 것인가. 이에 대한 대답삼아, 당시 오왕(吳王)과 손자가 교환한 한토막 병법문답(兵法問答)을 여기서 잠깐 소개해보자.

그것에 의하면, 손자가 말하길—

『적은 깊이 들어와서 전지(戰志)가 강렬함에 반해, 우리 군사는 사기에 떨어지는 것이 있으니, 이런 경우 우리 군사는 한군데 집중하고, 또 요해(要害)에 의지해서 될 수 있는 대로 나가서 싸우지 않을 방침을 취하고, 아울러 따로 기병(奇兵)을 써서 적의 후방 연락선을 차단하심이 좋겠습니다.』

말하자면 적이 가장 두려워하는 곳에 의지하여 이쪽의 대책을 세우자는 말이다.

② 경지에선 머물지 마라(輕地則無止).

경지(輕地)는 인심 부동의 땅이다. 그것은 위에서 설명한 대로다. 따라서 그러한 지역에선 오래 머무를 필요가 없다. 반드시 급하게 전진해서 군사를 필사의 땅으로 인도하여 그 투지를 공고히 해야 한다.

③ 쟁지에선 치지 마라(爭地則無攻).

쟁탈지가 이미 적의 수중에 떨어졌을 땐 그것을 무리하게 뺏으려고 해서는 안 된다. 그래서 이런 것은 공격하지 말라고 한 것이다. 그러면 어떻게 하면 좋은가. 여기에도 오왕과 손자와의 문답이 있다. 손자 말하길—

『이런 경우는 우선 군사를 거둬 후퇴하시고, 다시 방향을 바꿔 적의 가장 중요한 지점으로 예봉을 돌리십시오. 그렇게 하면 적은 반드시 군사를 나눠 이것을 구원하지 않을 수 없으니, 그럴 때 허를 치면 반드시 이를 공취(攻取)할 수 있습니다.』

④ 교지에선 끊지 마라(交地則無絶).

교지(交地)에선 이쪽 저쪽이 서로 그 허를 찾고 있는 것이니 최대의 위험은 군의 연락이 끊기는 일이다. 따라서 이에 최선의 노력을 하지 않으면 안 된다. 무절(無絶)이란 단절되는 일이 없도록 하라는 말이다.

⑤ 구지에선 교(交)를 모은다(衢地則合交).

구지(衢地)는 당사국들 사이에 개재하는 요충지이다. 따라서 일조유사시 적에 앞서서 이를 여국(與國)으로 하기 위해선 평소에 국교를 긴밀하게 하지 않으면 안 된다. 외교 수완을 십분 발휘해야 한다.

교(交)를 모은다. 교를 합한다는 것은 미리 친교를 맺어둔다는 뜻이다.

⑥ 중지에선 노략한다(重地則掠).

깊이 적지에 들어갔을 경우, 군이 가장 겁을 내는 것은 양식의 결핍이다. 따라서 중지(重地)에선 무엇보다도 먼저 식량을 적에게서 뺏어내기 위해 군식(軍食)을 노략해야 하는 것이 중요하다.

⑦ 비지에선 간다(圮地則行).

비지(圮地)는 행군상 가장 위험한 땅이다. 위의 행군편에서 이미 설명한 대로다.

여기선 그 필요성을 더욱 강조하고, 급히 통과하지 않으면 안 된다고 했다.

⑧ 위지에선 꾀한다(圍地則謀).

군이 위지(圍地)에 떨어졌을 땐 전체가 불안에 빠져 공포에 떨게 된다. 이것은 군으로서 가장 위험하다. 따라서 이런 경우 지휘관은 가장 침착한 용기를 발휘함으로써 빨리 위지를 빠져나갈 꾀, 즉 모계(謀計)를 짜낼 수 있다.

⑨ 사지에선 싸우라(死地則戰).

사지(死地)에선 생(生)을 찾으면 죽고, 죽음을 결심하면 산다는 고훈(古訓)이 있다.

사지에선 싸우란 말은 바로 그것을 뜻한다.

이것은 「사지필전(死地必戰)의 법」이란 말로 전해 내려올 정도인데, 참으로 음미할 구절이다. 6·25를 살아오고, 일본의 전쟁을 살아온 사람들은 더욱더 실감이 나는 말이다.

所謂古之善用兵者, 能使敵人前後不相及, 衆寡不相恃. 貴
賤不相救, 上下不相收, 卒離而不集, 兵合而不齊. 合於利而
動, 不合於利而止.

이른바 옛날의 군사를 잘 부리는 자는 능히 적인(敵人)으로 하여금
앞뒤 서로 미치지 않고, 중과(衆寡) 서로 의지하지 않고, 귀천 서로 구원
하지 않고, 상하 서로 거두지 않고, 졸(卒) 떨어져서 모이지 않고, 군사
는 합하여 가지런하지 않게 한다. 이(利)에 합하여 움직이고, 이에 불합
하여 그친다.

注 ◆ 앞 뒤 서로 미치지 않는다(前後不相及) ⇨ 선두부대와 후속부
대가 서로 구원할 겨를이 없게 한다는 것. ◆ 중과 서로 의지하지
않는다(衆寡不相恃) ⇨ 대부대와 소부대, 또는 本隊와 支隊로 하여
금 서로 연락이 불가능하게 한다는 것. ◆ 귀천 서로 구원하지 않
는다(貴賤不相救) ⇨ 將卒이 서로 구원할 틈을 주지 않는다는 것.
◆ 상하 서로 거두지 않는다(上下不相收) ⇨ 사령부와 각 부대와의
사이, 서로 제휴할 여지를 없게 한다는 것. ◆ 졸 떨어져서 모이지
않고(卒離而不集) ⇨ 격파된 적병에 대해서 재차 집합할 여지를 주
지 않는다. ◆ 군사는 합하여 가지런하지 않고(兵合而不齊) ⇨ 離
散한 적병에 대해서 재차 隊形을 이룰 틈을 주지 않는다는 것.

解義 선전(善戰)의 요결(要訣)은 한번 쳐서 적의 진용(陣
容)을 깨뜨려놓고, 그렇게 해서 이것을 다시는 방어나 재기의
여지를 없게 하는 것이다.

그래서 이와 같은 것은 요컨대 명장의 일진일퇴, 전기(戰機)
에 잘 맞춰서 움직이고, 전기에 맞지 않으면 멈춰야 하는 바로
그 한 가지에 달려 있다.

敢問, 敵衆整而將來. 待之若何. 曰, 先奪其所愛則聽矣.

감히 묻는다. 적이 무리를 짓고 정제하여 곧 오려고 한다. 이를 기다
리는 것 약하. 가로되. 먼저 그 아끼는 바를 뺏으면 즉 듣는다.

解義 구지(九地)의 법은 위에서 설명한 대로다. 그러면 지
금 만일 적국이 대병을 갖춰 곧 쳐들어오려 한다면, 이런 경우
이쪽에서 먼저 나서서 기선을 제하는 방법은 어떤가.

　여기엔 한걸음 앞질러서 적의 소중하고 값진, 말하자면 그
내버려둘 수 없는 급소, 요지를 탈취해 버리라고 대답한다. 그
러면 적은 꼼짝 못한다. 이쪽의 명령을 듣지 않을 수 없다.

　즉 그 사명(死命)을 누를 수 있다.

兵之情主速. 乘人之不及, 由不虞之道, 攻其所不戒也.

군사의 정(情)은 속(速)을 주로 한다. 남이 미치지 못하는 것을 타고,
불우(不虞)의 길에 말미암아 경계하지 않는 바를 친다.

注 ◆ 남이 미치지 못하는 것을 타고(乘人之不及) ⇨ 적의 힘이 미치
지 못하는 곳에 타고든다는 뜻. ◆ 불우의 길에 말미암아(由不虞之
道) ⇨ 적이 생각지 못한 의외의 장소로 나가는 것. ◆ 그 경계하
지 않는 바를 친다(攻其所不戒) ⇨ 적이 안심하고 경계하지 않는
곳을 공격한다는 것.

解義 군사는 신속을 귀하게 여긴다는 말은 여러번 나왔다.

　오직 적의 불의(不意)를 타고 그 허를 찌르는 것만이 필승
의 길이다.

凡爲客之道, 深入則專, 主人不克. 掠於饒野, 三軍足食.
謹養而勿勞. 幷氣積力, 運兵計謀, 爲不可測. 投之無所往, 死
且不北, 焉不得士人盡力.

　무릇 손[客] 되는 길, 깊이 들어가면 즉 오로지 하고, 주인 이기지 못
한다. 요야(饒野)에 노략하면, 삼군(三軍)도 식(食)에 족하다. 삼가 기르
고 수고하지 마라. 기운을 아우르고 힘을 쌓고, 군사를 옮겨 계모하고,
헤아릴 수 없는 것을 한다. 이를 갈 바 없는 데 던지면, 죽어도 또 패해
달아나지 않는다. 어찌 사인(士人) 힘을 다하지 않을 수 있는가.

　주 ◆ 손이 되는 길(爲客之道) ⇨ 客軍으로서 깊이 적지에 들어가서
　　싸우는 길. ◆ 깊이 들어가면 즉 오로지 한다(深入則專) ⇨ 안으로
　　깊이 뚝 떨어져 들어가면 全軍은 긴장해서 사기는 專一이 된다는
　　것. ◆ 요야에 노략한다(掠於饒野) ⇨ 적국에서 자원이 풍부한 곳
　　을 골라 양식을 强徵하는 것. ◆ 삼가 기르고 수고하지 마라(謹養
　　而勿勞) ⇨ 병력을 무익하게 소비하지 않도록 될 수 있는 대로 효
　　과 있는 전쟁만을 한다는 것. ◆ 기운을 아우르고 힘을 쌓고(幷氣
　　積力) ⇨ 군의 일치, 전투력의 축적에 힘을 쓸 것. ◆ 이를 갈 바
　　없는 데 던진다(投之無所往) ⇨ 군사를 死地에 몰아넣어 싸우게 한
　　다. 갈 곳이 없다는 것은 도망칠 길 없는 땅을 말한다.

　解義 이 일절(一節)은 문장이 졸렬하고, 기이하고, 확실히
후인(後人)의 사족같이 생각된다.
　그러나 글의 의미를 더듬어 나가면 이렇다.
　객군(客軍)이 되어서 적지 깊이 들어가 싸우는 길은, 요컨대
군의 사기를 긴장시킬 것. 양식의 징발을 효과 있게 할 것. 공
연히 무익한 싸움을 해서 이쪽의 전투력을 감소시키는 따위의

짓은 아예 말 것. 군사를 사지에 끌어 이들로 하여금 자발적으
로 분전하게 만들 것.

이상과 같은 몇 가지가 있다.

兵士甚陷則不懼. 無所往則固. 入深則拘. 不得已則鬪. 是
故其兵不修而戒. 不求而得. 不約而親. 不令而信. 禁祥去疑,
至死無所之.

병사 심히 빠지면 즉 두려워하지 않는다. 갈 바 없으면 즉 굳는다. 들
어가는 것 깊으면 즉 거리낀다. 부득이하면 즉 싸운다. 이러므로 그 군사
닦지 않고 경계한다. 구하지 않고 얻는다. 언약하지 않고 친한다. 명령하
지 않고 믿는다. 상(祥)을 금하고 의심을 버리면, 죽음에 이르러도 갈 곳
없다.

㊤ ◆ 병사 심히 빠지면(兵士甚陷) ⇨ 진격해서 위험한 지역에 깊이
빠져들어가는 것. ◆ 갈 바 없으면 굳는다(無所往則固) ⇨ 도망칠
길이 없는 땅에 놓으면 자연히 결심을 굳게 한다는 것. ◆ 들어가
는 것 깊으면 거리낀다(入深則拘). ⇨ 적지 깊이 들어가면 돌아오
려 해도 길이 없어 형편에 구속되어 戰志가 굳어진다는 것. ◆ 닦
지 않고 경계한다(不修而戒) ⇨ 訓示를 기다릴 것도 없이 스스로
경계한다는 것. ◆ 구하지 않고 얻는다(不求而得). ⇨ 특별히 奮鬪
를 요구하지 않더라도 지휘관의 뜻대로 움직인다. ◆ 언약하지 않
고 친하다(不約而親). ⇨ 따로 약속을 기다리지 않고도 全軍이 서
로 친화·제휴한다. ◆ 명령하지 않고 믿는다(不令而信). ⇨ 명령
을 기다리지 않고 군무에 정려한다. ◆ 상을 금하고 의심을 버린다
(禁祥去疑). ⇨ 유언비어의 단속을 엄히 하고 軍中의 의혹을 없앤
다.

[解義] 원래 인간이란 위험의 역외(域外)에 있으면 자연히 공포심에 사로잡히지만, 위험 안에 있게 되면 도리어 그 공포심이란 것이 꺼져 없어져서, 각자 스스로 분투하고 투지가 왕성해지는 법이다.

이것은 인지상정이다. 따라서 군의 지휘관은 이러한 기미·심리를 잘 포착해서 단호히 군사를 사지(死地)에 세워놓으면 이들로 하여금 명령을 내리지 않더라도 자연 분전(奮戰)·사투(死鬪)하게끔 하기에 이른다.

즉 목숨을 걸고 싸우지 않으면 안 되는 상황 속에 세워놓는다.

吾士無餘財, 非惡貨也. 無餘命, 非惡壽也. 令發之日, 士卒坐者, 涕霑襟, 偃臥者, 涕交頤. 投之無所往, 諸劌之勇也.

나의 사(士)에 여재(餘財) 없는 것은 재물을 미워하는 것 아니다. 여명(餘命) 없는 것은, 목숨을 미워하는 것 아니다. 영(令)을 발(發)하는 날, 사졸(士卒)의 앉는 자는 눈물이 옷깃을 적시고, 누운 자는 눈물이 턱에 사귄다. 이를 갈 곳 없는 데 던지면, 제(諸)·귀(劌)의 용(勇)이다.

◈ 나의 사(士)에 여재 없다……(吾士無餘財……) ⇨ 참으로 기이한 문장이다. 餘財 없다함은 적지에서 노획한 물건을 내던지는 것을 가리키는 것으로 해석된다. ◈ 여명 없다……(無餘命……) ⇨ 무엇과도 바꿀 수 없는 생명을 아깝지 않다고 생각하는 것은 아니라는 뜻. ◈ 앉은 자……(坐者……) ⇨ 병상에 앉은 자. 즉 비교적 경상인 자를 말함. ◈ 누운 자……(偃臥者……) ⇨ 병상에 누운 자. 즉, 중상자를 가리킴. ◈ 제·귀의 용(諸劌之勇) ⇨ 諸는 吳나라 사람 專諸. 劌는 魯나라 사람. 曹沫. 둘 다 춘추시대의 유명한

용사·자객.

[解義] 이 일절도 확실히 손자의 원문이라고 생각되지는 않는다.

그러나 뜻을 보면—

중지(重地)에 있는 군(軍)의 심리는 위에서 말한 것과 같다. 따라서 이것을 알고, 현군(懸軍)—깊숙이 적지에 들어가서 기미를 보아 적당히 명령을 내린다.

그러면 어떻게 되는가.

군사들은 일껏 손에 넣은 귀중한 노획품조차 아낌없이 내던지고 조금도 아깝다고 생각하지 않으며, 또 그런가 하면 무엇으로도 바꿀 수 없는 자신의 생명마저 조금도 아까운 기색 없이 명령일하(命令一下), 모두 용약(勇躍)해서 일어서리라.

뿐만 아니다. 병상에서 신음하는 중경상자들까지도 모두가 눈물을 흘리며 자신이 종군하지 못하는 것을 비분 강개할 것이다. 이것은 더 말할 나위없이 이럴 경우의 군중심리·군대심리이다. 따라서 이러한 군대를 이끌고 이것을 사지에 던져보라. 그야말로 고대의 용사 전제(專諸)나 조말(曹沫)과 같은 무리를 한 덩어리로 해서 적에게 향해 가는 것이나 다를 바 없다. 그 예봉은 결코 꺾을 수 없다.

이것은 실로 당연한 자연의 도리이다.

故善用兵者, 譬如率然, 率然者常山之蛇也. 擊其首則尾至, 擊其尾則首至, 擊其中則首尾俱至.

그러므로 잘 용병(用兵)하는 자는, 비유컨대 솔연(率然)과 같다. 솔연은 상산(常山)의 뱀이다. 머리를 치면 꼬리 이르고, 그 꼬리를 치면 머리 이르고, 가운데를 치면 머리 꼬리 함께 이른다.

  ㊟ ◆ 率然 ⇨ 猛蛇의 이름. 뱀의 이름. ◆ 常山 ⇨ 지금의 河北省 曲陽縣 서북에 있는 산 이름. 五嶽의 하나. 恒山이라고도 함.

  | 解義 | 따라서 선장(善將)이 군을 통솔하는 것은 마치 저 맹사(猛蛇)「솔연」과 같다. 솔연처럼 기민하고 솜씨 있으며 재치가 있다.

  솔연은 상산(常山)에 있는 뱀인데, 성질이 지극히 영맹(獰猛)하고, 머리를 치면 꼬리가 달라붙는다. 꼬리를 치면 머리가 달라붙는다. 중간 허리를 치면 머리와 꼬리가 한꺼번에 따라 오른다.

  이토록 처치 곤란한 뱀인데, 군도 역시 상하가 서로 화합하고, 좌우가 서로 도와 참으로 이 솔연같지 않으면 안 된다.

敢問, 可使如率然乎. 曰, 可. 夫吳人與越人相惡也, 當其同舟濟, 而遇風, 其相救也, 如左右手.

  감히 묻는다. 솔연과 같이 할 수 있는가. 가로되, 옳다. 대저 오인(吳人)과 월인(越人) 서로 미워해도, 그 배를 한가지로 해서 건너고, 그리하여 바람을 만나면, 서로 구원하는 것 좌우의 손과 같다.

  ㊟ ◆ 오인과 월인이 서로 미워한다(吳人與越人相惡也) ⇨ 吳는 지금의 江蘇省, 越은 지금의 浙江省에 있었다. 전국시대에 서로 원수가 되어 오래도록 전쟁했다. ◆ 배를 한가지로 하고 건넌다(同舟濟……) ⇨ 이렇듯 원수간인데도 배를 같이 타고 같은 船客이 되어

물을 건널 때에는 어쩔 수 없이 서로 돕게 된다는 이야기. 吳越同
舟란 말은 바로 여기서 나왔다.

[解義] 그러면 군으로 하여금 솔연(率然)처럼 되도록 하기
위해선 어떻게 하는가. 방법은 무엇인가.

이것은 결코 어려운 일은 아니다. 가령, 저 유명한 오월(吳
越)의 원수관계를 들어보자. 그들은 서로 원한에 사무쳐 있는
사이라도 같은 배를 타고 같은 선객(船客)으로서 물을 건너던
중 돌풍(突風)이라도 만나게 되면 어쩔 수 없이 서로 돕는다.
서로 도와 살려고 한다.

이치는 바로 이와 같다. 군도 역시 이것을 이끌어 필사(必
死)의 땅, 필사의 경우에 세워 놓으면 반드시 어쩔 수 없이 전
군(全軍)이 사력(死力)을 다하기에 이른다.

이러한 기미를 알아야 한다.

是故方馬埋輪, 未足恃也. 齊勇若一, 政之道也. 剛柔皆得,
地之理也.

이러므로 방마매륜(方馬埋輪)도 아직 믿기에 족하지 않다. 용(勇)을
가지런히 하는 것, 하나같이 하는 것은 정사의 길이다. 강유(剛柔) 다 얻
는 것은 지(地)의 이(理)이다.

㊟ ◆ 方馬埋輪 ⇨ 말의 주둥이를 붙들어 매거나 또는 戰車의 바퀴를
땅속에 묻는 것과 같은 짓. 軍의 진퇴를 무리하게 일치시키기 위해
서다. ◆ 용을 가지런히 하는 것, 하나같이 한다(齊勇若一) ⇨ 勇
과 怯을 모두 한 덩어리로 만들어 다같이 善戰하도록 하는 것. ◆
강유 다 얻는다(剛柔皆得) ⇨ 剛者도 柔弱者도 모두 하나같이 전투

에 쓰도록 한다.

解義 전투력은 군의 정신적 일치에서 나오지 않으면 안
된다. 그것은 위에서 말한 대로다. 따라서 방마매륜(方馬埋輪)
과 같은 기계적 수단으로 억지로 끄는 식은 안 된다.

용자(勇者)나 겁자(怯者)나 다같이 한 덩어리가 되어 한결
같이 죽을 힘을 다하도록 환경을 만들 일이다. 사지(死地)를
만들어 거기에 서도록 할 일이다.

이것이 통수(統帥)의 요도(要道)이다.

故善用兵者, 攜手若使一人. 不得已也.

그러므로 잘 용병하는 자는, 손[手]을 끄는 것, 한 사람을 쓰는 것과
같다. 부득이하게 하는 때문이다.

解義 따라서 선장(善將)이 큰 군사를 운용하는 것은 마치
손을 잡아 한 사람을 쓰는 것과도 같다. 그처럼 진퇴가 뜻대로
된다.

요컨대 이것은 장수가 군의 고삐를 쥐고 그것을 당겨, 그들
이 어쩔 수 없이 자분(自奮)해서 사투하지 않을 수 없게 만드
는 비기(秘機)를 알고 있기 때문이다.

將軍之事, 靜以幽, 正以治.

장군의 일은 정(靜)하고 그로써 유(幽), 정(正)하고 그로써 치(治).

注 ◆ 정하고 그로써 유(靜以幽) ⇨ 靜은 고요하고 침착한 것. 幽는
깊고 과묵한 것. ◆ 정하고 그로써 치(正以治) ⇨ 正은 군무를 보

는 데 엄정하다. 治는 만사에 조심성이 있고 周到하다.

　　解義　뿐만 아니다. 장수가 군을 통솔하는 데는 침착·과묵·엄정·주밀(周密)—이 네 가지가 있어야만 한다.

　　그래야만 비로소 위신을 세워나갈 수가 있다. 그것이 근본이다.

能愚士卒之耳目, 使之無知, 易其事, 革其謀, 使人無識, 易其居, 迂其途, 使人不得慮.

　　능히 사졸의 이목을 어리석게 하고, 이로 하여금 아는 것 없게 한다. 그 일을 바꾸고, 그 꾀를 고쳐, 남으로 하여금 아는 것 없게 한다. 그 거처를 바꾸고, 그 길을 멀리 하여 남으로 하여금 생각할 수 없게 한다.

　　注　◆ 사졸의 이목을 어리석게 한다(愚士卒之耳目) ⇨ 장수의 의도는 사졸에게 일체 알리지 않고, 알 수도 없게 해야 한다는 것. ◆ 그 일을 바꾸고, 그 꾀를 고치고(易其事, 革其謀) ⇨ 일체의 軍機·軍略에 관한 것은 수시로 變易해서 이쪽의 군에조차 전혀 엿볼 수 없게 한다는 것. ◆ 그 거처를 바꾸고, 그 길을 멀리 한다(易其居, 迂其途) ⇨ 장수의 행동은 일체 이것을 비밀로 하고, 이동에 있어서도 수시로 있는 장소를 바꾸어, 또 멀리 우회로를 잡아 외부에 소재를 알리는 일이 없도록 한다는 것.

　　解義　무릇 군의 행동은 절대 비밀에 붙여야 한다. 따라서 장수는 자기의 군대에게조차 일체 흉중의 의도를 알 수 없게 하고, 작전방략(作戰方略) 같은 것도 수시로 변경해서 그 방침이 어디에 있는가 언제나 깊이 숨겨놓고, 또 자기의 거처, 이

전(移轉)에 대해서도 외부에선 전혀 알 수 없게 해야 한다.

帥與之期, 如登高而去其梯. 帥與之深入諸侯之地, 而發其
機, 若驅羣羊. 驅而往, 驅而來. 莫知所之.

수(帥), 이와 더불어 기약하면, 높이에 올라 그 사닥다리를 버리는 것
과 같이 한다. 수, 이와 더불어 깊이 제후의 땅에 들어가, 그 기(機)를
발하면, 군양(群羊)을 모는 것과 같이 한다. 몰아서 가고, 몰아서 온다.
가는 바를 알지 못한다.

㊟ ◆ 높이 올라 그 사다리를 버린다(登高而去其梯) ⇨ 사람을 높이
   오르게 해놓고 사다리를 아래에서 떼어버린다. 군사를 死地로 이끈
   다는 비유. ◆ 그 기를 발한다(發其機) ⇨ 원래는 쇠뇌〔弩〕의 장치
   를 쏘는 것. 장수의 機鋒을 발한다는 비유.

   解義 따라서 지금 장수가 마음에 기약하는 것이 있어서
갑자기 명령을 내려놓고, 군을 예정한 장소로 끌어간다고 하
자. 그것이 마치 사람을 높은 담벼락으로 올려 보내놓고 아래
에서 별안간 사다리를 떼어버리는 것과 같이 어찌할 수 없는
처지에 놓는 것과 같다고 하자.

   이러한 식으로 현군(懸軍)—깊이 적지에 들어가 수시로 그
기봉(機鋒)을 발하게 된다면, 삼군(三軍)을 싸우게 하는 것,
그야말로 양몰이가 양떼를 모는 것과도 같을 것이다. 그래서
적도 이쪽도 다같이 이쪽 군이 어디로 향하는지 전혀 알 수 없
다.

   그냥 살아서 돌아올 수는 없다. 그런 상황을 만들어야만 한
다.

聚三軍之衆, 投之於險, 此將軍之事也. 九地之變, 屈伸之
利, 人情之理, 不可不察也.

삼군의 중(衆)을 모으고, 이를 험(險)에 던지는 것, 이것이 장군의 일
이다. 구지(九地)의 변(變), 굴신(屈伸)의 이(利), 인정(人情)의 이(理)
를 살피지 않으면 안 된다.

[解義] 요컨대 삼군(三軍)을 끌고 사지에 던져간다. 그래서
어쩔 수 없이 분전 사투하도록 만드는 것은 오로지 장군이 할
일이다. 그 방촌(方寸)에 달렸다.

그리고 이것은 위에서 설명한 구지에 처하는 길, 때와 장소
에 적응하는 굴신의 이, 인정의 기미나 움직임 등, 모두 알아
두지 않으면 안 되는 것이다.

凡爲客之道. 深則專. 淺則散. 去國越境而師者, 絶地也.
四達者, 衢地也. 入深者, 重地也. 入淺者, 輕地也. 背固前隘
者, 圍地也. 無所往者, 死地也.

무릇 손[客]이 되는 길, 깊으면 전일하고, 얕으면 흩어진다. 나라를
떠나 지경을 넘어서 군사를 내는 것은 절지(絶地)이다. 사달(四達)은 구
지이다. 들어간 것 깊은 것은 중지(重地)이다. 들어간 것 얕은 것은 경지
(輕地)이다. 등이 굳고 앞이 좁은 것은 위지(圍地)이다. 갈 곳 없는 것은
사지(死地)이다.

[주] ◆ 지경을 넘어서 군사를 내는 것(越境而師者) ⇨ 국경을 넘어서
征途에 오르는 것. ◆ 絶地 ⇨ 절망의 땅. 즉, 重地와 같음. ◆ 四
達 ⇨ 국경의 사방이 모두 이웃나라에 접경한 것. ◆ 등은 굳고 앞
은 좁은 것(背固前隘者) ⇨ 背面에 要害의 땅을 지고 앞으로는 좁

은 길에 의해서 통하는 것. ◆ 갈 곳 없는 것(無所往者) ⇨ 나갈 길이 없는 땅, 즉 진퇴양난의 땅을 말함.

　　解義 이 일절은 모두 앞에 나온 것과 중복된다.

　문장은 다소 차이가 있다 하더라도 내용에 있어선 조금도 다름이 없는 것을 보면 아마도 오랫동안 그대로 중복된 채 오전(誤傳)되어 온 것이다.

　대체로 이 구지편은 「손자」의 원문이라고 보기에는 의심되는 문장이 많다.

　한마디로 이 글의 취지를 말하면, 상황에 따른 내부지도(內部指導)라고나 할까.

　是故散地吾將一其志.　輕地吾將使之屬.　爭地吾將趨其後.
交地吾將謹其守.　衢地吾將固其結.　重地吾將繼其食.　圮地吾
將進其途.　圍地吾將塞其闕.　死地吾將示之以不活.

　이러므로 산지(散地)는 나 장차 그 뜻을 하나로 하려 한다. 경지(輕地)는 나 장차 이로 하여금 속하게 하려 한다. 쟁지(爭地)는 나 장차 그 뒤에 달려가려 한다. 교지(交地)는 나 장차 그 지키는 것을 삼가려 한다. 구지(衢之)는 나 장차 그 맺는 것을 굳게 하려 한다. 중지(重地)는 나 장차 그 식(食)을 이으려 한다. 비지(圮地)는 나 장차 그 길을 나가려 한다. 위지(圍地)는 나 장차 그 궐(闕)한 것을 막으려 한다. 사지는 나 장차 이에 보이는 데 살지 않는 것으로써 하려 한다.

　　㊟ ◆ 그 뜻을 하나로 한다(一其志) ⇨ 군의 사기를 통일하는 것. ◆ 이를 속하게 한다(使之屬) ⇨ 군을 밀집시켜 각 부대를 연속시켜 놓고, 인심의 안정을 꾀하는 것. ◆ 그 뒤에 달려간다(趨其後) ⇨

적을 유혹, 이끌어내서 떠난 뒤에 그 틈을 타 奇襲하는 것. ◆ 그 지키는 것을 삼가한다(謹其守) ⇨ 군의 연락에 힘쓰는 것. ◆ 그 맺는 것을 굳게 한다(固其結) ⇨ 평소에 國交를 굳게 하는 데 힘쓰는 것. ◆ 그 食을 잇는다(繼其食) ⇨ 양식의 징발을 서두르는 것. ◆ 길을 나간다(進其途) ⇨ 급히 통과해 가는 것. ◆ 그 궐한 것을 막는다(塞其闕) ⇨ 나 스스로 군의 활로를 막고, 必死를 표시하는 것. ◆ 이를 보이는데 살지 않는 것으로써 한다(示之以不活) ⇨ 결사의 각오를 보이는 것.

[解義] 이것도 모두 앞에 나온 문장으로서 「손자」의 원문이라기 보다는 나중 사람이 가필(加筆)한 것이 아닌가 생각된다.

故兵之情, 圍則禦, 不得已則鬪, 過則從.

그러므로 군사의 정(情)은 에우면 막고, 부득이하면 즉 싸운다. 지나면 좇는다.

㊟ ◆ 에우면 막는다(圍則禦) ⇨ 포위를 받으면 명령을 하지 않더라도 반드시 방어한다. ◆ 지나면 좇는다(過則從) ⇨ 험지를 지나갈 때면 곧잘 명령에 따른다는 것.

[解義] 앞에 비슷한 의미의 문장이 있다.

한마디로 말해, 위험에 떨어지면 군사는 통솔자를 따라오게 마련이다.

그것이 군사의 심리이다.

是故, 不知諸侯之謀者, 不能豫交. 不知山林險阻沮澤之形

者, 不能行軍. 不用鄕導者, 不能得地利.

이러므로, 제후의 꾀를 모르는 자는 미리 사귈 수 없다. 산림·험조·저택의 형상을 모르는 자는 행군할 수 없다. 향도(鄕導)를 쓰지 않는 자는, 지(地)의 이(利)를 얻을 수 없다.

解義 이 일절은 군쟁편(軍爭篇)에 그대로 나온다.

어떻게 이토록 한 자 한 구 틀리지 않고 그대로 나오게 되었는지 알 수 없으나, 여기에 있다고 별 새로운 의미를 나타내는 것은 아니다.

四五者, 一不知, 非覇王之兵也.

사오(四五)는 하나를 모르면, 패왕(覇王)의 군사는 아니다.

解義 이 일절도 역시 결코 손자의 문장이라 할 수는 없다.

그러나 의미를 살펴보면, 사오(四五)란 4와 5를 합치면 9가 된다. 그래서 구지(九地)의 뜻이 된다. 즉, 구지의 법을 모르는 자는 단연코 천하에 패(覇)가 될 자는 아니다. 천하를 제패할 수 없다.

夫覇王之兵, 伐大國, 則其衆不得聚, 威加於敵, 則其交不得合.

대저 패왕(覇王)의 군사는 대국을 치면 즉 그 중(衆) 모일 수 없다. 위(威), 적(敵)에 가해지면 즉 그 교(交) 합할 수 없다.

注 ◆ 그 중 모일 수 없다(其衆不得聚) ⇨ 군이 침입군에 눌려 집중을 이룰 수가 없다. ◆ 그 교 합할 수 없다(其交不得合) ⇨ 交는 친교

국을 가리킨다. 즉, 동맹국의 군대도 와서 도울 수가 없다.

  解義 천하의 패자(覇者)가 된 병위(兵威)보다 더 강력하고 두려운 것은 없다.

  지금 이 패왕(覇王)의 군사가 다른 대국(大國)을 쳤다고 하자. 그러면 상대방의 군은 그 병위에 눌려서 멋대로 군을 집중시킬 수 없다. 또 그뿐인가. 그 위력이 적에게 가해짐에 따라 상대방 나라의 동맹군 같은 것도 주저하여 냉큼 달려와 돕지를 못한다.

  오늘날의 세계가 생각된다.

是故不爭天下之交. 不養天下之權. 信己之私, 威加於敵. 故其城可拔, 其國可墮也.

  이러므로 천하의 교(交)를 다투지 않는다. 천하의 권(權)을 기르지 않는다. 나의 사사를 펴고, 위(威) 적에게 가한다. 그러므로 그 성을 뺄 수 있고, 그 나라를 무너뜨릴 수 있다.

  注 ◆ 천하의 교를 다투지 않는다(不爭天下之交) ⇨ 일부러 동맹국을 찾지 않는다. ◆ 천하의 권을 기르지 않는다(不養天下之權) ⇨ 강국의 비호를 받아 권력을 기르거나 하지 않는다. ◆ 나의 사사를 편다(信己之私) ⇨ 스스로 나의 실력을 기르려고 힘쓴다. 信은 伸과 통함.

  解義 그러므로 천하의 패업(覇業)을 이룰 정도가 되면 약한 나라가 하듯이 공연히 무턱대고 동맹국을 구하여 그 힘에 의지하려 하거나, 또는 강국의 비호를 받으려 했다가 도리어

그 강국의 권세를 조장하거나 하는 따위의 일은 결코 하지 않는다.

이것은 비굴하고 약한 나라나 할 짓이다.

천하의 패자쯤 되는 나라면 어디까지나 자기 실력의 양성에 힘쓰고, 그래서 그 위세는 자연히 적국에게 가해지기에 이른다. 따라서 한번 전쟁이 벌어지는 날이면 향하는 곳 적이 없고, 성을 치면 성을 뺄 수가 있고, 나라를 치면 나라를 깰 수가 있다.

강자의 실력이다.

施無法之賞, 懸無政之令, 犯三軍之衆, 若使一人.

무법(無法)의 상(賞)을 베풀고, 무정(無政)의 영(令)을 달면, 삼군(三軍)의 중(衆)을 부리는 것, 한 사람을 쓰는 것과 같다.

㈜ ◆ 무법의 상(無法之賞) ⇨ 법규에 구애되지 않고 臨機의 賞與를 행하는 것. ◆ 무정의 영(無政之令) ⇨ 常規에 정해진 이외의 명령에 의해서 적재를 적소에 배치하는 것. ◆ 삼군의 중을 부린다(犯三軍之衆) ⇨ 犯은 여기서 구사한다는 뜻. 三軍을 멋대로 부려 쓴다는 것.

[解義] 뿐만이 아니다. 군에서의 상벌은 장수에게 광범위한 권한을 주고, 그래서 상규(常規)에 관계없이 상벌을 행할 수 있도록 한다. 또, 때와 장소에 따라 적재(適材)를 발탁할 수 있다면 더구나 사기를 격려하게 되고, 따라서 자연 삼군(三軍)을 구사하는 것이 마치 한 사람을 쓰는 것과 같다. 자기의 손발을 움직이는 것과 같다.

그렇게 멋대로 된다.

犯之以事, 勿告以言. 犯之以利, 勿告以害.

이를 부리는 데 일로써 하고, 고(告)하는 데 말로써 하지 마라. 이를 부리는 데 이(利)로써 하고, 고하는 데 해(害)로써 하지 마라.

㊕ ◆ 일로써 한다(以事) ⇨ 실행으로써 한다는 것. ◆ 이로써 한다 (以利) ⇨ 언제나 유리한 것으로써 군을 격려한다는 것.

[解義] 또 군에선 일체 말없이 행동, 실행으로만 나가야 한다. 언설(言說)을 일삼는 것은 절대 금물이다. 그리고 군을 지휘할 때는 언제나 이쪽의 유리한 방면만을 알리고, 전도(前途)의 위험 등 사기에 유해한 것은 절대 알리지 않도록 한다.

이것이 중요하다.

投之亡地, 然後存, 陷之死地, 然後生, 夫衆陷於害, 然後 能爲勝敗.

이를 망지(亡地)에 던져 연후에 남고, 이를 사지(死地)에 빠뜨려 연후에 산다. 대저 중(衆)은 해(害)에 빠져 연후에 능히 승패를 이룬다.

[解義] 이 구절은 구지편 중에서 가장 유명한 말이다.

옛날 한신(韓信)이 배수(背水)의 진(陣)을 고안해낸 것은 바로 이 구절의 정신에 입각한 것이었다. 그것은 정사(正史=「史記」〈〈淮陰侯列傳〉〉)에 나오는 대로다.

요컨대 군사는 사지·망지(亡地)에 던져버려야만 오히려 활로가 있고, 생명이 있다.

얼마나 멋진 단언(斷言)인가. 군에서뿐이 아니다. 인생을 승리하려는 자는 때때로 이러한 배수의 진을 쳐야 한다. 그래서 자기를 시험해보는 것이 좋다.

원래, 인간이란 위험한 궁지에 떨어져버린 다음 곧잘 분연히 일어서서 주위를 정복하고 승리를 얻을 수 있기에 이른다.

故爲兵之事, 在於順詳敵之意, 幷敵一向, 千里殺將. 此謂
巧能成事.

그러므로 병(兵)을 하는 일은, 적(敵)의 뜻에 순상(順詳)하고, 적에 아울러 일향(一向)하고, 천리하여 장수를 죽임에 있다. 이를 교묘히 일을 잘 이루는 것이라 이른다.

㊟ ◆ 적의 뜻에 순상하고(順詳敵之意) ⇨ 적의 의향대로 움직인다는 것. 順詳은 從順의 뜻. ◆ 병적 일향(幷敵一向) ⇨ 적의 행동에 맞춰 한 걸음 양보해서 다소간 적으로 하여금 그 뜻을 이루게 한다는 것. ◆ 천리하여 장수를 죽인다(千里殺將) ⇨ 천 리 밖에서 장수를 죽인다는 것인데, 軍은 帷幄 안에 놓고 勝은 천 리 밖에서 決한다는 말과 같음.

解義 따라서 군사의 운용은 우선 먼저 속임수를 써서 적의 의향대로 진퇴를 하고, 적의 행동에 맞춰 되도록 적을 안심하도록 한다.

그런 동안에 비책(秘策)을 결정해 놓고, 일거에 천리 밖에서 적장(敵將)을 때려누인다.

예로부터 명장은 「손자」의 이러한 비결을 곧잘 실천에 옮겼다.

이야말로 참으로 교묘하고 능하여 그래서 잘 대사(大事)를 이룬다.

是故政擧之日, 夷關折符, 無通其使, 厲於廟堂之上, 以誅其事. 敵人開闔, 心亟入之, 先其所愛, 微與之期, 踐墨隨敵, 以決戰事.

이러므로 정거(政擧)의 날, 관(關)을 막고, 부(符)를 꺾고, 그 사신을 통하는 일 없고, 묘당(廟堂) 위에 권면하여 그로써 그 일을 꾸짖는다. 적인(敵人)이 개합(開闔)하면 반드시 급히 이를 들어간다. 그 사랑하는 바를 먼저 하고, 은미하게 이것과 기약하고, 묵(墨)을 밟아 적에 따르고, 그로써 전사(戰事)를 결단한다.

注 ◆ 정거의 날(政擧之日) ⇨ 廟議가 결정되는 날. ◆ 관을 막고 부를 꺾고(夷關折符) ⇨ 국경의 關門을 폐쇄해서 일체의 여권을 없애 무효로 하고 내외의 출입을 금하는 것. ◆ 묘당의 위에 권면한다(厲於廟堂之上) ⇨ 百官을 타일러 신칙한다는 것. 戒飭의 뜻. ◆그 일을 꾸짖는다(誅其事)⇨군무의 진척을 독려하는 것. 誅는 책망의 뜻. ◆ 敵人開闔 ⇨ 적의 간첩이 출입하는 것. ◆ 은미하게 이것과 기약한다(微與之期) ⇨ 은미하게 적의 의도에 빠지는 것처럼 행동해 보이는 것. ◆ 묵을 밟아 적에 따르고(踐墨隨敵) ⇨ 이쪽의 확고한 방침 아래 작전을 해나가는 것. 墨은 먹줄을 쓴다는 뜻에서 法度, 규칙의 의미로 쓰임.

解義 이 일절(一節)은 위의 몇 구절과 같이 「손자」의 원문이 아니고 후인(後人)의 첨가인 듯싶다.
뜻을 살펴보면—

이상 말해온 대로 요컨대 전국(戰局)을 제압하는 길은, 묘의 (廟議)가 전쟁을 하기로 결정하면 당장 그날로 국경을 폐쇄해서 내외인(內外人)에게 주었던 일체의 여권·증명서를 죄다 몰수, 관문(關門)의 통행부터 금지한다.

그리고 이와 동시에 한편으론 백관을 독려해서 군국(軍國)의 사무를 시급히 처리하도록 하고, 특히 적의 간첩에 조심해서 의심이 가는 자는 반드시 신속하게 국내에 억류, 활동의 여지가 없도록 한다.

이렇게 해서 군은 먼저 적이 아끼는 것, 즉 그 기도(企圖)하는 것을 알아차려서, 표면상으로는 정확하게 적의 의도대로 빠져가는 것처럼 행동하고, 그렇게 해서 기회를 보아 승패를 단박에 결정할 수 있는 작전으로 나가야만 한다.

이것이 무엇보다도 중요하다.

是故始如處女, 敵人開戶, 後如脫兎, 敵不及拒.

그러므로 처음에는 처녀와 같이 하여, 적인(敵人) 문을 열고, 뒤에는 탈토(脫兎)와 같이 하여 적을 막지를 못한다.

[解義] 따라서 병법의 요도(要道)는 처음에는 처녀처럼 주춤거리다가 뒤에는 덫을 뛰쳐나오는 토끼처럼 간다. 이것이 요결(要訣)이다.

처녀처럼 부드럽고 주저주저하면 적도 자연히 알지 못하는 사이에 문을 열고, 안심을 해버리는 것이 아니겠는가. 전혀 마음을 놓아버리고 만다. 그렇게 해놓고 나중에는 도망치는 토끼처럼 질풍신뢰(疾風迅雷)—이로써만이 적은 감히 막아낼 방도를 모르는 것이다.

「처음에는 처녀와 같고 뒤에는 탈토와 같다」는 말은 곧잘
이용되는 명구(名句)인데, 그 출전이 바로 이곳이다.

12. 화공(火攻)

　인간의 쟁투(爭鬪)에 불과 물을 이용한 것은 태고이래 일찍 부터 있어온 사실이다.

　인간 최대의 고난을 「수화(水火)의 고(苦)」라 하는 것도 여기에 바탕을 둔 것이다. 근세에 와서 더욱더 이 물과 불이 이용되고, 그것이 발달되면서 온갖 화기(火器)의 발명, 핵폭탄의 출현은 이 지상을 완전히 초토화하고도 남을 정도이다.

　여기선 이러한 수화이용(水火利用)의 작전을 설명했다. 고대의 수화전(水火戰)이 어떤 것이었던가 생각해 보는 것도 좋을 것이다.

　뒤에 가선 이러한 수화전과는 달리 지도자의 감정적인 행동을 경계하고, 냉정한 판단을 강조했다. 이것은 이것대로 또 특별한 의미를 가진다.

　孫子曰, 凡火攻有五. 一曰火人, 二曰火積, 三曰火輜, 四曰火庫, 五曰火隊.

　손자 말하되, 무릇 화공(火攻)에 다섯 있다. 1에 말하되 화인(火人), 2에 말하되 화자(火積), 3에 말하되 화치(火輜), 4에 말하되 화고(火庫), 5에 말하되 화대(火隊)이다.

㈜ ◆ 火人 ⇨ 적의 營舍, 성새, 또는 기타 집채에 불을 질러서 아울러 그 군사까지 태워 버리는 경우. ◆ 火積 ⇨ 적의 축적물, 즉 쌓아놓은 것을 태울 경우. ◆ 火輜 ⇨ 적의 輜重隊列에 불을 지르는 것. 輜는 짐을 실은 수레. ◆ 火庫 ⇨ 적의 창고를 불지르는 것. ◆ 火隊 ⇨ 적의 대열을 향해서 직접 火攻을 가하는 것.

　解義　대체로 화공(火攻)에는 다섯 가지가 있다.

무엇을 불지르느냐, 그 목적 대상에 따라—

① 화인(火人) ② 화자(火積) ③ 화치(火輜) ④ 화고(火庫) ⑤ 화대(火隊).

이렇게 다섯 가지로 나누는데, 이것을 오화(五火)라 한다.

行火必有因. 煙火必素具.

불을 행하는 데는 반드시 인(因)이 있다. 연화(煙火) 반드시 바탕을 갖춰야 한다.

　解義　화공은 면밀한 준비가 필요하다. 이것을 하려면 가령 가뭄이 계속되는 날이라든가, 바람이 강한 날이라든가, 반드시 인(因)이 되는 것이 있어야 하고, 또 그뿐만이 아니다.

여기에 필요한 온갖 화공 도구를 준비하지 않으면 안 된다. 그것을 모두 갖춰놓고 난 후 덤벼들어야만 한다.

發火有時. 起火有日. 時者天之燥也. 日者月在箕·壁·翼·軫也. 凡此四宿者, 風起之日也.

불을 놓는 데 때가 있다. 불을 일으키는 데 날이 있다. 하늘의 마름〔燥〕이다. 날은 달의 기(箕), 벽(壁), 익(翼), 진(軫)에 있다. 무릇 이

사수(四宿)는 바람 일어나는 날이다.

㊒ ◆ 箕 ⇨ 별 이름. 이십팔宿의 하나. 동방쪽 하늘에 있다. ◆ 壁 ⇨
별 이름. 이십팔수의 하나. 북쪽 하늘에 있다. ◆ 翼 ⇨ 별 이름.
이십팔수의 하나. 남쪽 하늘에 있다. ◆ 軫 ⇨ 별 이름. 이십팔수
의 하나. 남쪽 하늘에 있다.

[解義] 화공을 하는 데는 때와 날이라는 것이 있다. 때라면
날씨가 계속 맑아서 매우 건조한 때. 날이라면 달이 이십팔수
(二十八宿)의 하나인 기(箕), 벽(壁), 익(翼), 진(軫)의 사성
수(四星宿)에 들어갔을 때인데, 이 사성수에 달이 들어갔을 때
는 반드시 바람이 일어난다.

凡火攻, 必因五火之變而應之.
무릇 화공은, 반드시 오화(五火)의 변(變)에 인하여 이에 응한다.

[解義] 화공은 위에서 설명한 것처럼 다섯 가지 목표가 있
다. 그 목표에 따라 방법도 달라지지만, 그 어느 것을 행한다
하더라도 똑같이 기민하고 적절한 행동을 취하지 않으면 안 된
다.
　불기둥이 오르면 그와 함께 적의 동정에 주의하고, 상황에
따라 기민하게 움직인다. 그래서 신속하고 적의(適宜)한 행동
으로 나서야만 한다.

火發於內, 則早應之於外. 火發而其兵靜者, 待而勿攻. 極
其火力, 可從而從之, 不可從而止.

불, 안에서 일어나면 빨리 이것을 밖에서 응하라. 불이 일어나고 군사 고요한 것은 기다리고 치지 마라. 화력(火力)이 극진하고 따를 수 있으면 이를 따르고, 따를 수 없으면 그친다.

解義 지금 가령 적의 진영 안에서 불기둥이 올랐다고 하자. 그러면 공격하는 자는 반드시 때를 놓치지 않고 이에 응해야 하며, 그래서 즉시 외부로부터의 유효적절한 행동으로 나서야만 한다.

그러나 불기둥이 올랐다고 하더라도 적의 영내가 너무나 조용하고 혼란의 형적이 없을 땐 잠시 기다리며 상황을 보지 않으면 안 된다.

화세(火勢)가 점점 거칠어져서 불기둥이 맹렬해졌을 때, 상황에 따라 공격할 수 있으면 공격하고, 그렇지 못하면 공격하지 않은 채 때를 기다린다. 이때의 숨막히는 찰나, 그 순간의 호흡, 인내는 바로 화공의 요점이다.

火可發於外, 無待於內, 以時發之.

불, 밖에서 놓을 것이면 안에서 기다릴 것 없고, 때[時]로써 이를 놓으라.

解義 만약 적의 진영이 밖에서 화공을 가하는 것이 편리하고 이로울 때는 내응자(內應者)의 활동 같은 것은 기다릴 필요 없다.

시의(時宜)를 보아 언제든 불을 놓아야 한다.

火發上風, 無攻下風. 晝風久, 夜風止.

불, 상풍(上風)에서 일어나면 하풍(下風)을 공격하지 마라. 낮바람 오래면 밤바람 그친다.

[解義] 불기둥이 바람 부는 데서 일어나면 바람 닿는 데선 공격하지 말라는 뜻이다. 이것은 언덕을 쳐올라가는 것과 같다. 아래에서 위로 쳐올라가는 것은 언제나 불리하다.

불은 거스리지 말아야 한다.

또, 낮부터 계속해서 부는 바람은 밤이 되면 대개 그친다. 이 역시 화공에선 주의하지 않으면 안 된다.

凡軍必知五火之變, 以數守之.

무릇 군(軍)은 반드시 오화(五火)의 변(變)을 알고, 수(數)로써 이를 지킨다.

[주] ◆ 수로써 이를 지킨다(以數守之) ⇨ 위에서 말한 한천이나, 또는 바람이 일어나는 날을 가리키며, 이것을 알아서 스스로 지키는 것이 있어야 한다는 것. 數는 術의 뜻.

[解義] 군에는 위에서 설명한 오화(五火)의 변(變)이라는 것이 있다. 즉, 화공의 다섯 가지 목표이다.

이것을 잘 알아서 남을 침과 동시에, 또 적으로부터 당할 것에 대해서도 만반의 준비가 있어야만 한다.

故以火佐攻者明. 以水佐攻者强.

그러므로 불로써 공(攻)을 돕는 자는 명(明), 물로써 공을 돕는 자는 강(强)이다.

解義 화공과 수공(水攻)을 비교해 보면, 화공은 풍위(風位), 풍력(風力) 또는 여러 가지 기상변화, 또는 적의 동정 등을 보아야 하기 때문에 명민한 기지(機智), 다방면의 요령이 필요하다.

그러나 수공의 경우는 적을 포위해서 지구전의 작전으로 나서서, 그 피폐를 기다려야 하기 때문에, 월등하게 적보다도 강대한 병력을 가지고 있을 경우에만 한한다.

이것이 바로 수(水)·화(火) 양공(兩攻)의 차이점이다.

水可以絶, 不可以奪.

물은 그로써 끊을 수 있어도, 그로써 뺏을 수는 없다.

解義 수공은 적의 교통선을 차단하고, 그렇게 해서 자연스러운 굴복을 기다리는 것이지만, 화공과 같이 단숨에 적의 생명이나 자재(資材) 등을 뺏어버리는 것은 아니다.

이것 또한 수(水)·화(火)가 다른 점이다.

夫戰勝攻取, 而不修其功者, 凶, 命曰費留. 故曰明主慮之, 良將修之.

대저 전승(戰勝)을 공취(攻取)하여 그 공을 닦지 않는 자는 흉(凶), 이름지어 비류(費留)라 한다. 그러므로 명주(明主)는 이를 생각하고, 양장(良將)은 이를 닦는다.

解義 여기서부터는 이야기가 약간 달라진다. 화공이나 수공에 관한 것은 끊어지고 이른바 지도자의 감정적 행동을 경계

하는 말이 나온다.

종이가 없던 고대에는 글을 쓴 댓조갈[竹簡]을 하나만 바꿔 놓아도 앞뒤가 현저하게 뒤바뀐다. 이것도 또 그 착간(錯簡)일 것이다.

어쨌든 여기서 하나의 공간을 메우듯 잠시 여간(餘簡)을 잡아 기울기 쉬운 지도자의 감정적 행동을 경계한 것은 참으로 현오(玄奧)한 민성(民性)을 얻은 것이라 하겠다.

또한 내용의 완벽을 위해서도 필요성하다.

대저 싸우면 이기고 치면 차지하는 것. 이것이 명장(名將), 지장(智將)의 하는 일이라 하더라도, 그 전쟁은 이것만으로 끝난다고 할 수 없다.

반드시 나아가서 유종(有終)의 효과를 거두고, 국리민복(國利民福)에 보탬이 되는 것이어야만, 비로소 목적을 달했다고 할 수 있다.

그렇지 않다면 일껏 국운을 건 대사(大事)를 결행하면서 그보다 더 국가의 불행, 불길한 것은 없다. 따라서 공연히 전승(戰勝)의 쾌미(快味)에만 취한 나머지 가장 소중한 최후의 전과에 생각이 미치지 못하는 따위, 이것을 이름붙여 비류(費留)라 한다.

비류란 국탕(國帑)·국고를 낭비하고, 뿐만 아니라 국민의 생명을 전장(戰場)에 버려 쓸데없이 국환(國患)만을 배양하는 것을 가리킨다.

이런 「비류」가 돼서는 안 된다.

그래서 명철(明哲)한 군주, 현지(賢智)의 양장(良將)은 오직 전쟁의 결과를 우려하고, 용병에 있어서 오직 한가지로 유종의 전과만을 거두려고 전력을 다하며 그것에 몰두한다.

非利不動. 非得不用. 非危不戰. 主不可以怒而興師. 將不可以慍而致戰. 合於利而動. 不合於利而止.

이(利)가 아니면 움직이지 않는다. 얻는 것이 아니면 부리지 않는다. 위태한 것이 아니면 싸우지 않는다. 임금은 노(怒)로써 사(師)를 일으킬 수 없다. 장수는 노염으로써 싸움에 이를 수 없다. 이(利)에 맞으면 움직이고, 이에 맞지 않으면 그친다.

解義 따라서 전쟁은 그것으로 해서 반드시 나라에 이익이 있을 때, 또는 반드시 나라에 보탬이 있을 때, 혹은 국가의 위급이 만부득이할 경우 이외에는 결코 일으켜서는 안 된다.

이것은 절대 조심해야 한다. 한 나라의 원수(元首)된 자가 한때의 기분과 노여움만으로 군사를 일으킨다거나, 또는 한 나라의 장수된 자가 한때의 분노만으로 가볍게 결전을 행한다거나 하는 따위는 반드시 깊이 경계해야 한다.

전쟁은 그 나라만 망칠 뿐 아니라, 그 자신도 망쳐놓는다. 요컨대, 용병지사(用兵之事)는 모름지기 국리민복에 합당한가 아닌가에 따라서 결행 여부를 결정해야 한다.

怒可以復喜. 慍可以復悅. 亡國不可以復存, 死者不可以復生, 故曰, 明主愼之, 良將警之. 此安國全軍之道也.

노(怒)는 다시 기꺼울 수 있고, 노여움은 다시 기쁠 수 있어도, 망국(亡國)은 다시 있을 수 없다. 죽은 자는 다시 살아나지 않는다. 그러므로 명주(明主)는 이를 삼가고, 양장(良將)은 이를 경계한다. 이것은 나라를 편안히 하고 군(軍)을 온전히 하는 길이다.

解義 사람의 분노나 원한은 때가 지나면 자연히 소실하고 다시 희열의 정(情)으로 회복될 수 있으나, 망국과 사자(死者)는 영구히 재생할 길 없다. 그것으로 끝난다. 따라서 전쟁은 예로부터 명군(明君), 현장(賢將) 들이 깊이 삼가고 경계하는 바다.

이 외구(畏懼)와 경계, 이것이야말로 참으로 국가를 보전하고, 군을 온전히 할 수 있는 유일하게 근본이란 것을 알아야 한다.

13. 용간(用間)

용간(用間)이란 간자(間者), 즉 간첩을 쓰는 방법을 말한다.
말할 나위도 없이 간첩은 군의 이목이 아니겠는가. 또한 길
안내자이기도 하다. 따라서 용간은 군의 활동과 밀접한 불리
(不離) 관계에 있다.

이런 뜻에서 이 용간편은 이 책 전체의 근본이고, 또 중추라
할 수도 있다.

다시 말하면 군의 정보활동을 논한 것. 용병의 기본인 「저를
안다」를 위해선 비용을 아껴선 안 된다. 돈을 물쓰듯 써야 한
다.

孫子曰, 凡興師十萬, 出征千里, 百姓之費, 公家之奉, 日
費千金. 內外騷動, 怠於道路, 不得操事者, 七十萬家. 相守數
年, 以爭一日之勝. 而愛爵祿百金, 不知敵之情者, 不仁之至
也. 非人之將也. 非主之佐也. 非勝之主也.

손자 말하되, 무릇 흥사(興師) 십만, 출정 천 리면, 백성의 비용, 공
가(公家)의 봉(奉), 하루에 천금(千金)을 허비한다. 내외 소동(騷動)하
고, 도로에 게으르고, 일을 잡을 수 없는 자 70만 가(家). 서로 지키기
수년, 그로써 하루의 승(勝)을 다툰다. 그리하여 작록(爵祿) 백금(百金)
을 아껴, 적의 정(情)을 모르는 자는, 불인(不仁)의 지극이다. 남의 장수

가 아니다. 임금의 좌(佐)가 아니다. 승리의 주인이 아니다.

◈ 백성의 비용(百姓之費) ⇨ 국민의 出費. 즉, 군사비의 부담을 말함. ◈ 공가의 봉(公家之奉) ⇨ 국내 대소 제후의 부담. 고대 중국은 봉건제였던 까닭. 奉은 생활한다. 또 그 물품. ◈ 도로에 태만하고(怠於道路) ⇨ 군사수송 때문에 廢農하기에 이른다는 것. ◈ 일을 잡을 수 없는 자(不得操事者) ⇨ 가사를 돌볼 수 없는 것. ◈ 임금의 좌(主之佐) ⇨ 군주의 보좌가 될 만한 그릇이란 뜻.

[解義] 여기에 「일을 잡을 수 없는 자 70만 가(家)」란 말이 있다.

이것은 이미 작전편에서도 설명했지만, 중국 고대의 병제(兵制)는 이른바 정전법에 의해 8가호를 1정(井)으로 해서 이것을 군관구(軍管區)의 1단위로 하고, 여기서 장정 한 사람을 징발했다.

그리고 장정의 징발을 면한 다른 일곱 집은 그 대가로 일반 군비(軍費), 군수품 부담에서부터 시작해서 군사수송의 부역에 이르기까지, 물질방면의 온갖 것을 떠맡도록 하는 제도를 썼다.

따라서 10만의 군사를 일으킨다고 하면 도합 10만 정(井), 즉 80만 가호(家戶) 중에서 병사를 내지 않은 70만 가호는 어쩔 수 없이 가사를 버리고, 농경도 폐하고, 국가 총동원의 취지에 맞도록 순응하지 않으면 안 된다는 이야기이다.

그러면 이제 거병(擧兵)이 10만, 그래서 천 리 원정을 한다고 하자. 이럴 경우, 그 전비(戰費)는 하루에 천금의 거액도 될 것이니, 위는 국내 대소의 공가(公家), 권세 있고 부유층에서부터, 아래는 일반 서민에 이르기까지 부담은 늘어나고, 공과(公課)는 급격히 격증하게 된다.

이렇게 되면 자연 안팎이 소란스러워지고, 농경은 폐지되어 버려 가사를 모두 버리기에 이르는 자 자그만치 70만 가호가 되는 셈이다. 그만큼 막대한 숫자에 이른다.

그렇게 되면 또 어떤가. 일단 개전(開戰)되는 날에는 이쪽 저쪽이 여러해 대치하고 나서 결국 최후의 일전(一戰)으로 가겠지만, 문제는 바로 여기에 있다.

이토록 엄청난 대사(大事)를 치르는 데 있어서 불과 얼마도 안 되는 작록(爵祿)을 아껴 용간에 힘쓰지 않았다면, 또 적의 동정조차 모르고 있었다면, 그보다 더 중대한 일은 없다.

애당초 그런 식으로 국운(國運)·민명(民命)이 걸린 참으로 중대한 일에 나서는 것부터가 그야말로 불인(不仁)의 극(極)이라 아니할 수 없다.

그런 자는 한 나라의 장수가 될 자질도 없고, 물론 군주의 보좌가 될 만한 그릇도 못 된다. 따라서 당연히 승리의 영광을 차지할 만한 자격도 없는 자다. 천금 앞에 백금을 아끼는 자는 클 수 없다.

故明君賢將, 所以動而勝人, 成功出於衆者, 先知也. 先知者, 不可取於鬼神. 不可象於事. 不可驗於度. 必取於人, 知敵之情者也.

그러므로 명군(明君), 현장(賢將)이 움직여 남에 이기고, 성공 중(衆)에 나서는 까닭은, 먼저 아는 것이다. 먼저 아는 것은 귀신에서 취할 수 없다. 일에서 형상할 수 없다. 도(度)에서 증험할 수 없다. 반드시 사람에 취해서 적의 정(情)을 아는 것이다.

> 注 ◆ 先知 ⇨ 선견과 같음. 먼저 敵情을 자세하게 아는 것. ◆ 귀신
> 에 취한다(取於鬼神) ⇨ 卜筮나 기도에 의하는 것. 즉, 천우신조를
> 바라는 따위. ◆ 일에서 형상한다(象於事) ⇨ 과거의 경험에 묻는
> 다든가, 또는 역사 같은 것을 찾아서 유사한 事象을 구하는 것. ◆
> 도에 증험한다(驗於度) ⇨ 천문을 관측하는 것. 度는 천체도의 눈
> 금을 가리킴. ◆ 사람에 취한다(取於人) ⇨ 적당한 인재를 써서 인
> 력을 다하는 것.

解義 따라서 예로부터 명군・현장이 움직이면 반드시 남
에게 이기고, 그래서 성공하는 것이 발군한 까닭은 오직 선지,
선견의 명(明)—바로 이것이 있기 때문이다.

먼저 안다는 것, 먼저 내다본다는 것 바로 그것이다. 그러면
이 선지는 어디서 나오는 것인가. 그것은 기도나 복서(卜筮)나
귀신의 종류도, 또 혹은 기타의 어떠한 취마억측(揣摩臆測)도,
그런 것에서 나오는 것은 아니다.

이것은 반드시 인재를 발탁해서 용간의 길을 다하고, 그렇게
해서 먼저 걱정(敵情)을 알아두는 데에서만이 비로소 얻어질
수 있다.

이것은 오늘날의 과학정신을 말한 것이다. 2천5백 년 전 손
자는 벌써 피투성이의 생존 법칙을 터득하고 있었다.

말하자면 산 정보가 필요하다.

故用間有五. 有鄕間. 有內間. 有反間. 有死間. 有生間. 五
間俱起. 莫知其道. 是謂神紀. 人君之寶也.

그러므로 간(間)을 쓰는 데 다섯 있다. 향간(鄕間) 있다. 내간(內間)
있다. 반간(反間) 있다. 사간(死間) 있다. 생간(生間) 있다. 오간(五間)
함께 일어나서, 그 길을 아는 것 없다. 이를 신기(神紀)라 이른다. 인군
(人君)의 보배이다.

> 🈐 ◆ 神紀 ⇨ 紀는 다스린다. 정한다. 즉, 경영한다는 뜻. 신기는 신
> 과 같은 경영의 재간. 다시 말하면 用間의 천재. ◆ 鄕間은 因間으
> 로 나오는 원본도 있다. ◆ 閒 ⇨ 間의 正字.

[解義] 따라서 산 정보를 얻으려면 어떻게 하는가.
그러기 위한 용간의 길에 다섯 가지가 있다. 즉—
① 향간(鄕間) ② 내간(內間) ③ 반간(反間) ④ 사간(死間)
⑤ 생간(生間)
이상 오간(五間)을 동시에 기용하고, 더구나 남에게 그 종적
을 알게 하는 일 없이, 이것을 모두 잘 활동시킬 수 있는 재간
있는 자가 있다면, 그런 자야말로 용간자로서 참으로 신기(神
紀)의 천재라 할 수 있다.
국보적인 인물, 인군(人君)의 보배라 할 수 있다.

鄕間者, 因其鄕人而用之.
향간은, 그 향인(鄕人)에 의해서 이를 쓴다.

[解義] 여기서부턴 위의 오간(五間)에 대해서 차례차례로
설명해 간다.
즉, 향간은 군의 주둔지에 있는 토착민을 뽑아 간첩으로 쓰
는 것이다. 이러한 향간은 출정군에겐 매우 편리한 것이어서,

예로부터 어떠한 군대든 온갖 위험수단을 써서, 또는 좋은 미끼를 써서 이것을 곧잘, 이용해왔다.

　그것은 동서의 숱한 전사(戰史)들이 증명한다. 임란(壬亂) 때 왜병들이 조선의 백성들을 이용한 것이라든가, 중국에서 일군(日軍)들이 중국인을 이용한 따위 그 악랄한 실례는 얼마든지 있다.

內間者, 因其官人而用之.

내간(內間)은, 그 관인(官人)에 의해서 이를 쓴다.

　[解義] 여기서 관인(官人)이란 적국의 관공리(官公吏)를 말한다. 이것을 매수(買收)해서 이쪽의 간첩 임무를 줄 경우, 이것을 내간(內間)이라 한다.

　이야말로 참으로 중상후록(重賞厚祿)으로써 적국 안에다 매국노를 만들어놓는 것이다.

　이것은 제2차세계대전 후에도 여러번 국제간을 떠들썩하게 한 실례가 있다. 기업체간의 경쟁에서도 이 내간은 이용도가 높다.

反間者, 因其敵間而用之.

반간(反間)은, 그 적간(敵間)에 의해서 이를 쓴다.

　[解義] 적의 간첩을 이용해서 거꾸로 이쪽의 임무를 줄 경우, 반간(反間)이라고 한다.

　이 반간은 적의 간첩인 것을 알면서도 일부러 모른 척하고 온갖 위장수단을 써서 교묘하게 이것을 기만한다.

그래서 그 기만수법에 의해 이쪽을 위해 역이용하는 것인데, 이것은 이른바 「반간고육(反間苦肉)의 계(計)」라 해서 예로부터 알려져 있다.

≪삼국지≫중에도 이러한 반간고육의 계를 쓰는 장면이 더러 나온다.

死間者, 爲誑事於外, 令吾間知之, 而傳於敵間也.

사간(死間)은, 광사(誑事)를 밖에 하고, 나의 간(間)으로 하여금 이를 알아 적에게 전해서 간하게 한다.

㊟ ◆ 적에게 전한다(傳於敵) ⇨ 死間이 적에게 잡혀 무서운 고문을 받을 때, 이쪽에서 속은 대로, 그 속은 사실 그대로 적에게 실토를 한다. 즉, 허위정보를 제공해서 결국 적을 팔게 되는 것. 적도 속는 셈이다.

解義 「남을 도모하려면 먼저 나부터……」 이러한 말이 있다. 말하자면 여기 이 글은 바로 그런 정신으로 나간 것이다.

광사(誑事)의 광(誑)은 속인다는 뜻으로서, 이쪽을 교묘하게 꾸며 남을 속이는 것을 말한다.

말하자면 교묘하게 일을 꾸며 먼저 우리측 간첩을 속인다. 그래서 이것을 적중(敵中)에 내던지는 것으로 또 적을 속인다. 이렇게 해서 교묘하게 이쪽의 기도를 성취시켜 보려는 것이다. 감쪽같이 이쪽 저쪽을 모두 속여버리자는 속셈이다.

이것을 사간(死間)이라고 이름지은 까닭은 이렇게 속은 적은 얼마 후 그 속은 사실을 알게 될 것이고, 분격한 나머지 즉

시 그 간첩을 사형에 처해버릴 것이니, 결국 이런 간첩은 죽게 되는 것이 아닌가.

가엾다. 가엾어도 어쩔 수 없다. 이러한 임무를 받은 간첩은 처음부터 그 죽음이 예약되어 있는 것이다. 따라서 사간이라 이름붙인 것이다.

잔인한 전쟁의 틈바구니에서 이러한 사간이 나올 수 있는 것은, 그것이 전쟁의 특이성 때문이라고나 할까. 그런 전쟁은 영원히 없어야 한다.

生間者, 反報也.

생간(生間)은, 돌아가 보(報)한다.

[解義] 여기서 반보(反報)란 반명(反命), 복명(復命)과 같다. 돌아와 보고한다. 그때그때 돌아와서 보고하는 것이다.

이것을 생간(生間)이라 이름붙인 까닭은 위의 사간에 대해 반드시 생환, 복명한다는 뜻에서이다.

보통 이른바 간첩이다. 첩자(諜者), 간자(間者) 하는 것은 모두 이에 속한다. 살아서 돌아오는 간첩이라는 뜻이다.

故三軍之事, 莫親於間. 賞莫厚於間. 事莫密於間.

그러므로 삼군(三軍)의 일은, 간(間)보다 친한 것은 없다. 상(賞)은 간보다 후한 것 없고, 일은 간보다 밀(密)한 것 없다.

[解義] 그러니 군사는 간첩만큼 복심(腹心)의 인물로서 친 밀히 대해야 할 것 없고, 군에서 적을 아는 자는 오직 주장(主

將)과 간첩뿐이다.

간첩이 얼마나 중한가는 이것만으로도 알 수 있을 것이다. 따라서 간첩이 하는 일만큼 중상(重賞), 후록(厚祿)에 해당하는 것은 없고, 뿐만 아니라 이것만큼 또 기밀에 붙여져야 할 일도 달리 없다.

한마디로 말해서 간첩은 믿을 수 있는 인물 최고의 대우를 해서 그 활동은 절대 비밀에 붙여져야만 한다.

非聖智不能用間. 非仁義不能使間. 非微妙不能得間之實.

성지(聖智)가 아니면 간(間)을 부릴 수 없다. 인의(仁義)가 아니면 간을 쓸 수 없다. 미묘가 아니면 간의 실(實)을 얻을 수 없다.

注 ◆ 聖智 ⇨ 타고난 智者. 즉, 천재. ◆ 仁義 ⇨ 인정이 있고, 의협심이 있는 것. ◆ 微妙 ⇨ 사물의 표리를 통찰하는 것이 명민하고 미묘한 지경에 이른 것을 말함. ◆ 간의 실(間之實) ⇨ 간첩이 가져온 첩보에 대해서 그 참된 실상을 얻는 것.

解義 그 몸이 간첩이 되어 직접 적정(敵情)을 탐지한다는 것은 물론 쉬운 일이 아니다. 그러나 군의 중앙부에 있으면서 많은 간첩을 사용하고, 가져온 첩보를 듣고 읽어 종합해서 참으로 틀림없이 적정을 판단한다는 것은 더구나 쉽지가 않다.

어렵고도 어려운 일이다. 따라서 여기선 이 일에 대해 이렇게 언급하고 있다.

① 많은 간첩을 구사해서 적당한 인재를 적소에 배치하고, 유감없이 활동시키는 것은 참으로 용간의 천재가 아니면 안 된다.

② 원래 간첩의 임무란 매우 위험한 것이며 이면적·음성적이고, 조금도 화려한 것이라곤 없다.

따라서 용간자는 이 점을 깊이 이해하고 동정해서, 의기(義氣)·협골(俠骨)을 발휘하고, 뜨끔하게 이것을 비호하지 않으면 안 된다. 그렇지 않으면 간첩으로 하여금 그 직무에 순(殉)하게 할 수 없다.

즉, 인심(仁心)·의기가 있지 않으면 간첩을 쓸 수 없다.

③ 간첩이 가져오는 첩보는 십인십색(十人十色)이고, 따라서 그 진실을 정확하게 판단 포착하기란 여간 어려운 것이 아니다.

그러므로 여기에는 가장 예민한 관찰력, 판단력이 있어야만 하는 것, 이것을 달리 말하면 사물의 표리를 깊이 통찰할 수 있는 미묘 섬세한 천재적 재질이 있지 않으면 안 된다.

용간자에 대해서 손자는 벌써 2천 5백 년, 전에 이렇게 요구해 놓았다. 그의 병법이 얼마나 엄한지 새삼 경건한 마음을 갖지 않을 수 없다.

微哉微哉, 無所不用間也. 間事未發而先聞者, 間與所告者, 皆死.

미재미재(微哉微哉), 간(間)을 쓰지 않는 바 없다. 간사(間事) 아직도 발하지 않았는데, 그런데도 먼저 들리면, 간과 고(告)한 자 다 죽는다.

㊟ ◆ 고한 자(所告者) ⇨ 기밀을 누설해서 남에게 고한 자.

解義 용간은 따라서 참으로 기미, 군은 그 일진일퇴에 먼

저 반드시 간첩을 쓰지 않고는 못 배긴다.

그리하여 그 첩보는 절대 비밀에 붙여져야 하고, 그것이 아직 외부에 발표되기 전에, 만약 그 기밀을 사전에 안 자가 있다면 그 자도 또 그것을 샌 자도 똑같이 일도양단(一刀兩斷), 단박에 사죄(死罪)로 다스리지 않으면 안 된다.

정보는 그만큼 중요하다.

凡軍之所欲擊, 城之所欲攻, 人之所欲殺, 必先知其守將, 左右, 謁者, 門者, 舍人之姓名, 令吾間必索知之.

무릇 군(軍)의 치고자 하는 바, 성의 치고자 하는 바, 사람의 죽이고자 하는 바는 반드시 먼저 수장(守將), 좌우(左右), 알자(謁者), 문자(門者), 사인(舍人)의 성명을 알고, 나의 간(間)으로 하여금 반드시 찾아서 이를 알게 한다.

㊟ ◆ 守將 ⇨ 성을 지키는 장수를 말함. 즉, 城將. ◆ 左右 ⇨ 성장의 좌우에 따르는 자. 즉, 막료 ◆ 謁者 ⇨ 주로 接客을 맡아보는 자. 지금의 副官, 또는 비서관. ◆ 門者 ⇨ 문을 지키는 자. 즉, 門衛. ◆ 舍人 ⇨ 마부나 御者, 또는 기타 잡역자.

解義 이제 용간의 한 방법을 설명해보자.

가령 여기에 이쪽이 치고자 하는 적군이나 성새가 있고, 또 이쪽이 죽이고자 하는 적장이 있다고 하자. 그럴 때 우선 반드시 당면한 적장이나 막료들의 성명을 비롯해서 그 아래에 있는 문지기, 일반 잡역자에 이르기까지 미리 자세한 인물기(人物記) 같은 것을 만들어 두었다가 이것을 이쪽의 간첩에게 내준다.

그래서 그 누구에게라도 줄이 닿도록 하고, 또 그래서 적정 탐색의 편의를 얻도록 해주지 않으면 안 된다.

이것은 참으로 친절한 방법 중 하나이다.

必索敵間之來間我者, 因而利之, 導而舍之. 故反間可得而用也.

반드시 적간(敵間)이 와서 나를 간하는 자를 찾고, 이를 이롭게 하고, 인도하여 이를 쉬게 한다. 그러므로 반간(反間)을 얻어서 쓸 수 있다.

> 注 ◆ 나를 간하는 자(間我者) ⇨ 間이란 글자를 동사로 썼다. 그래서 와서 이쪽의 軍情을 수색하는 자의 뜻으로 썼음. ◆ 인하여 이를 이롭게 한다(因而利之) ⇨ 이것을 이용한다는 것. ◆ 인도하여 이를 쉬게 한다(導而舍之) ⇨ 길 안내를 해서 있을 숙소를 정해주는 것.

　　 解義 　또 적의 간첩이 이쪽에 들어오는 것을 찾아내서 이것을 이용하는 것도 지극히 중요하다. 이것은 우선 발견되는 대로 길 안내에서부터 숙소를 정해주는 데에 이르기까지 세심하게 친절하게 해줌으로써 차차 친밀도를 높여간다.

그러면 자연 이것을 반간으로 이용할 수 있는 단서를 얻게 된다.

因是而知之. 故鄕間·內間, 可得而使也.

이로 인하여 이를 안다. 그러므로 향간(鄕間)·내간(內間)을 얻어서 쓸 수 있다.

解義 위와 같이 적의 간첩을 수중에 넣을 수 있으면, 자연 그 입에서 적국 내의 민정(民情), 관계(官界) 소식 등에 이르기까지 여러 가지로 들을 수 있는 방편이 생길 것이 아니겠는가.

그렇게 되면 문제는 더욱 좋다. 여기서 한 걸음 더 나아가 적국에 있는 향간·내간 등을 얻을 수 있는 전망도 서게 된다.

因是而知之. 故死間爲誑事, 可使告敵.

이로 인하여 이를 안다. 그러므로 사간(死間) 광사(誑事)를 하여 적에게 고하게 할 수 있다.

解義 또 적의 간첩에게서 듣는 것이 있으면, 이쪽의 사간 (死間)을 쓰는 데도 어떠한 속임수·광사를 꾸미는 것이 좋겠는가.

그래서 적을 감쪽같이 속아넘길 수가 있겠는가.—그 실마리를 얻을 수도 있다. 말하자면 허위 정보를 띄우기에 편리하다.

因是而知之. 故生間可使如期.

이로 인하여 이를 안다. 그러므로 생간(生間) 기약한 것과 같이 하게 할 수 있다.

解義 또 적의 간첩 입을 통해서 이쪽의 생간(生間)을 어떠한 시기, 어떠한 방면에 사용해서 정보를 어떻게 신속하게 입수할 수가 있는가 하는 것도 알 수 있다.

그 전망을 세우고, 계획대로 생간을 활동시킬 수 있다.

五間之事, 主必知之. 知之必在於反間. 故反間不可不厚也.

오간(五間)의 일은 임금 반드시 이를 안다. 이를 아는 것은 반드시 반간(反間)에 있다. 그러므로 반간은 후하게 하지 않을 수 없다.

[解義] 이상 다섯 가지 용간의 길은 임금된 자 반드시 알지 않으면 안 된다.

그리고 이 오간에 있어서 그 어느것도 적의 간첩을 이용한다는 것, 즉 반간을 쓰는 것이 가장 편리하고, 여기서 모든 단서를 끌어낼 수가 있으니, 반간에 대해선 특별히 후하게 대접하지 않으면 안 된다.

昔殷之興也. 伊摯在夏. 周之興也, 呂牙在殷. 故明君賢將, 能以上智爲間者, 必成大功. 此兵之要, 三軍之所恃而動也.

옛날 은(殷)이 흥하자, 이지(伊摯) 하(夏)에 있었다. 주(周)가 흥하자, 여아(呂牙) 은에 있었다. 그러므로 명군, 현장(賢將) 능히 상지(上智)로써 간자(間者)를 삼으면 반드시 큰 성공을 이룬다. 이것이 병(兵)의 요(要)이고, 삼군의 의지해서 움직이는 바이다.

[註] ◆ 伊摯 ⇨ 湯王을 도와 夏의 桀王을 쳐서 殷의 천하를 창건한 伊尹을 말함. ◆ 呂牙 ⇨ 太公望 呂尙을 말함. 武王을 도와 周의 천하를 창건한 功臣. 속칭 姜太公. 字는 子牙.

[解義] 이제 이것을 하(夏), 은(殷), 주(周) 삼대의 역사에 비춰보자.

옛날 하나라가 망하고 은나라가 일어난 것은 오직 현신(賢臣) 이윤(伊尹)이 있었던 때문이었다. 당시의 폭군 걸왕(桀王)

의 천하에서 그는 그 포악한 학정(虐政)을 낱낱이 보고 알아서 그 산 정보로써 탕왕(湯王)을 도왔기 때문이었다.

그래서 새로운 탕왕의 은나라 천하가 되었다. 또 주(周)나라가 일어난 것도 역시 마찬가지이다.

무왕(武王)의 모신(謀臣) 여아(呂牙)가 없었던들 어찌 가망이나 있었겠는가. 그는 은나라에 있으면서 당시 폭군 주왕(紂王)의 악랄한 학정을 낱낱이 눈여겨 보았다. 그래서 그 문란한 내정 상태를 명확하게 알고 있었다.

알지 못했다면 새로운 무왕의 주나라 천하는 생각할 수도 없었을 것이다. 따라서 세상의 명군·현장들을 생각하라. 유능한 인재, 상지(上智)를 발탁해서 간자(間者), 즉 간첩으로 쓰면 그런 사람은 반드시 큰 성공을 이룰 것이다.

저 유명한 소설 ≪봉신전(封神傳)≫을 읽어보면 무왕을 도와 종횡무진으로 활약하는 태공망(太公望) 여아를 볼 수 있다. 그런 지혜로운 유능한 인재를 얻고서 어찌 큰 성공을 이룰 수가 없을까.

바로 이것이 병법의 요도(要道)이다. 그러한 뛰어난 인재의 관찰과 판단과 활동, 그것은 삼군의 의지가 되고, 기둥이 된다.

그럼으로써 군은 그 일동일정(一動一靜)을 정확하게 결정해 간다.

여기서 손자는 이른바 「이윤(伊尹), 태공(太公)의 모(謀)」를 들어 이 책을 의미심장하게 끝맺었다.

해 설

1 『孫 子』

이 책은 「손자」13편을 모두 번역, 주석한 것이다. ≪손자≫
는 말할 나위 없이 「武經七書」 중의 하나― 칠서란 孫子・吳
子・尉繚者・六韜・黃石公三略・司馬法・李衛公問對을 말한다.

이 일곱 책은 兵法의 대표적 고전이다. ≪손자≫는 그 중에
서도 가장 뛰어났다. 내용으로나 문장으로 보더라도 또 그 만
들어진 역사로 보든 그들 중 월등하게 뛰어난 고전이다.

지금으로부터 줄잡아 2천 5백 년 전, 박혁거세가 서라벌 6
村의 촌장들에게 추대되어 居西干이 된 시절보다 훨씬 더 옛날
로 거슬러 올라간다. 박혁거세가 왕이 된 것은 2천 31년 전,
즉 서기전 57년이다.

참으로 까마득한 옛날이다. 글자도 다르고, 종이도 없고, 붓
도 변변치 않던 시절에 이토록 짜임새 있는 不朽不滅, 만고 不
易의 명저가 이루어졌다고 하는 것은 정말 놀라지 않을 수 없
다.

인간의 야심과 쟁투는 그때나 지금이나 같은 것이다. 그것은
이 ≪손자≫를 읽어보면 자명해진다. 따라서 예로부터 ≪손자
≫는 제왕과 將相의 비본, 모든 투사・야망가・출세주의자의
비본으로 귀중히 여겨져 왔다.

국가 經綸의 요지, 승패의 秘機, 人事의 성패, 인간 승리의

원리가 모두 이 속에 들어 있다.

나폴레옹이 《손자》를 늘 옆에다 놓고 보는 것을 잊지 않았다고 한다. 그런가 하면 제1차세계대전을 일으켰던 저 독일의 황제, 빌헤름 2세는 전쟁에서 패한 뒤에야 《손자》를 알고,

"20년 전에 이 책을 읽었더라면……" 했다고 한다.

그것이 사실이라면 그들은 뒤늦게나마 이 동양 최고의 兵書, 아니 세계 최고의 병서에 대한 진가를 알아본 것은 아니었을까.

사실 《손자》는 예로부터 숱한 야심가·전략가·정복자·대정치가들이 애독하고, 座右書로 삼아왔다. 그것은 이 책에 대한 각 계층의 숱한 주석서·해설서·연구서·응용서가 있는 것을 보아도 알 수 있다. 지금 현존한 가장 오래된 주석서는 《魏武注孫子》 소설 《삼국지》에 나오는 권모술수의 대가 조조가 주를 단 것이다.

이것을 선두로 해서 孫星衍, 吉天保 등 중국 사람들의 손으로 된 것만도 자그만치 1백50가지가 넘는다. 일본에서 나온 것은 명치 이전만 쳐서 4, 50가지나 된다는 얘기다. 요즘은 정치·경영, 심지어는 처세에까지 《손자》가 눈부시게 활용되어 그것이 한국에도 유행되고 있다.

한국에서도 예로부터 「무경칠서」는 武科의 기본과목이었다. 그러나 사회를 살아가는 지도정신이 오직 명분과 형식에만 치우친 주자학에 있었던 옛날에 과연 그것은 얼마나 맥을 출 수가 있었을까.

전쟁의 법칙성을 연구한 《손자》는 인간성의 탐구, 주체성

의 확립을 위한 강렬한 의지의 발로라고 할 수 있다. 변화의 법칙을 파악하고, 거기에 거스르지 않고, 그것을 이용한다. 열세라도 우위에 서고 주도권을 쥔다. 그리하여 현상에서 본질을 분석하려는 태도는 그것이 바로 오늘에 통하는 인간의 의지, 힘의 의지가 아니고 무엇일까.

객관적인 판단을 강조했는데 그것이 살아남는 법칙이었다.

이러한 ≪손자≫는 모두 13편. 始計·作戰·謀攻·軍形·兵勢·虛實·軍爭·九變·行軍·地形·九地·火攻·用間으로 나뉜다.

글자수로 따지면 6천 몇백 자―전후가 꽉 짜인 일관된 체계를 이루었다.

2. 손자의 傳記

이 ≪손자≫의 저자는 예로부터 孫武라고 되어오나, 그것이 어느 정도 맞는가는 분명치 않다. 더구나 근래에 와선 ≪손자≫의 저자는 손무가 아니고 孫臏이라고 딱 못을 박아버리는 학자도 있을 정도다.

손빈은 손무와 마찬가지로 이름난 兵家요, 군략가였다. 손무는 공자와 거의 같은 시대, 손빈은 맹자와 거의 같은 시대에 활약한 인물이다. 전후 햇수로 치면 1백여 년 차가 있으며 손무는 춘추 말기, 손빈은 전국시대 중기에 활약했다. 손빈은 손무의 후손이라는 것이다. 사마천의 ≪사기≫에도 손빈과 손무는 한자리에 기술해놓고 있다.

거기에 ≪손자≫는 손무의 저작이라고 나온다. 그 첫머리 注
〔正義〕에, 「魏武帝云, 孫子者, 齊人, 事於吳王闔閭, 爲吳將, 作
兵法十三篇」 하고 나온다.

후세로 내려오면서 손무를 ≪손자≫의 저자라 하는 것은 바
로 이런 데 근거한 것이 아닐까 생각된다. 하물며 오늘날에도
책이 엉뚱하게 다른 사람의 이름으로 나오는 경우가 있기도 하
다.

그러나 손무나 그 후손인 손빈이나 ≪사기≫에는 똑같이 용
병에 능한 뛰어난 병법학자・전략가로 나온다. 그리고 ≪손자
≫의 내용으로 보더라도, 손무가 봉사했던 吳越의 이야기가 나
오는데, ≪손자≫13편은 손무의 戰術論이 뒤에 가서 그 후손
인 손빈에 의해서 다시 만져지고, 체계화하고, 그래서 오늘날
의 이 ≪손자≫로 대성된 것은 아니었을까라고 보는 편이 온당
하다는 사람도 있다.

따라서 여기선 이 두 사람의 전기를 사마천의 ≪사기≫卷
65, ≪孫子吳起列傳≫에 의해서 간략하게 더듬어보기로 하자.
사실은 사마천의 열전에도 그렇게 자세하게 나오지는 않는다.
손자의 이름은 武, 齊나라 사람이라고 했을 뿐이다.

齊는 지금의 산동성, 따라서 손자는 산동성 사람. 즉, 황하
하류, 북부 중국 출신의 한 위인이었던 것은 틀림없다.

사마천의 ≪사기≫열전에 나오는 손무의 이야기는 이렇다.

손무가 吳王 闔廬를 만난다. 오왕이 병법을 묻고 그것을 시
험하는 자리에서 손무는 궁중 미녀 1백 80명을 두 반으로 나
눠 세워놓고, 왕의 寵姬 두 명을 그 대장으로 삼았다. 그리고
끝이 갈라진 창인 戟을 모두 손에 들게 하고 훈련을 시키는데,

훈련 도중 여인들이 그만 웃음을 터뜨린다. 손무는 그 책임을 물어 양편 대장인 왕의 총희를 斬해 버린다.

오왕 합려는 臺上에서 그것을 내려다보다가 대경실색해서,

"과인은 이미 장군이 용병에 능한 줄 알도다. 과인은 그 두 여인이 아니면 음식을 먹어도 맛을 모르도다. 제발 참하지 마라(寡人己知, 將軍能用兵矣, 寡人非此二姬, 食不甘味, 願勿斬也)—"

고 했다. 그런데도 손자는 굽히지 않았다.

"신은 이미 어명을 받자와 장수가 되었나이다. 장수는 군에 있으면 君命을 받지 않소."

결국 그 미인 대장 둘을 베어버렸다. 그래서 대장을 바꿔 다시 훈련을 계속했는데, 이로부터 손자는 합려의 장군이 되어 공을 세우고, 오나라로 하여금 이름을 크게 천하에 떨치게 했다(闔廬의 廬는 閭로도 씀).

오라고 하면 지금의 양자강 하류, 그 남쪽 강소성에 있던 나라다. 말하자면 손무는 북쪽 황하변에서 남쪽 강남으로 내려가 거기서 뜻을 세우고 입신한 것으로 추측된다. 그러나 그 후 손무는 어디서 죽고 무엇을 했는가. 또 언제 오나라를 떠났는가 전혀 기록이 없다 (春秋 「左傳」에도 그 이름이 안 나온다).

손빈은 손무가 죽은 지 백여 해 지나서 阿·鄄(역시 산동성)이란 곳에서 태어났다. 그는 龐涓이란 어릴 때의 친구와 함께 鬼谷子에게서 병법을 배웠다. 나중에 齊나라의 軍師가 되어, 사마천의 ≪사기≫〈손자오기열전〉에 위의 손무에 비하면 좀더 비극적인 이야기가 전해지고 있는데, 대충 줄거리를 살펴보면 이렇다.

손빈과 같이 병법을 배웠던 방견은 먼저 魏나라 惠王의 장군이 된다. 방견은 손빈의 능력을 알고 사람을 보내서 손빈을 모셔왔다. 그러나 그 재능에 샘이 난 방견은 죄를 조작, 형벌로써 손빈의 양 다리를 끊어버리고, 얼굴에 먹을 뜨는 黥刑을 해서 다시는 세상에 나서지 못하도록 했다(龐涓의 涓의 音은 「견」으로 나옴).

그러나 손빈은 우연하게도 이 위나라에 들어온 제나라 사신의 눈에 띄게 된다. 그래서 그 사신의 수레 밑에 숨어 타고 제나라로 도망쳐가게 된다. 그래서 제나라의 軍師가 된다.

때마침 위는 방견을 장군으로 삼아서 북쪽에 붙은 강국 趙와 동맹을 맺고 남쪽의 韓나라를 침략한다. 한은 제나라에 원군을 청했다. 이래서 제나라에서도 군을 내게 되고 그 원군은 손빈의 계략에 따라 직접 위의 서울 大梁으로 쳐들어갈다.

놀란 방견은 원정을 중지하고 돌아서서 제나라 군을 쫓았는데, 제나라군의 손빈은 장군 田忌에게 꾀를 주어 이 위나라군을 馬陵이라는 좁은 험지에 끌어다가 대파하고, 방견까지도 스스로 자살하게 만들어버린다.

여기서 智窮, 兵敗한 것을 안 방견이 스스로 목숨을 끊으면서 유명한 한마디를 토한다.

"마침내 저 자식의 이름을 이루게 해주었구나(遂成竪子之名)─"

손빈의 제나라군은 위나라군을 대파하고, 위나라 太子 申까지 생포해서 본국으로 개선한다.

사마천의 ≪사기≫는, 여기서 손빈의 이름이 천하에 떨치고, 그 병법이 世傳한다고 맺고 있다(孫臏, 以此名顯天下, 世傳其

兵法).

復讐戰으로는 참으로 뼈아픈 이야기이다. 同門의 병법가가 똑같이 서로 생명을 건 이야기이다. 생존경쟁이 격심했던 살벌한 전국시대의 사회를 살아간 사람들의 하나의 본보기겠다.

그 후 손빈은 어디서 어떻게 죽었는지 전혀 기록이 없다. 그를 인정하고 발탁해준 은인 田忌는 뒤에 威王의 미움을 받아 실각해서 楚나라로 망명했다고 하는데. 아마도 손빈도 그때 그와 함께 동행해서 강남의 異鄕에서 조용히 세상을 살다가 간 것은 아니었을까. 그리고 후세의 인간들에게 전하기 위해 이 만고불멸의 투쟁의 書 ≪손자≫ 13편을 손질하고 체계화한 것 같다.

제나라 서울 臨淄는 그때 이미 인구가 50만. 戶數가 7만, 성년 남자만 21만, 知名 학자만 76인. 그 외 이런저런 문화인들을 손꼽으면 수백, 수천이었다. 그래서 그 稷門 부근의 문화촌은 이른바 稷下의 學士들이 득시글거리며 백가쟁명을 했다는 것이니, 두 다리가 잘려 없어진 손빈인들 그 자유로운 학문적 분위기에 젖지 않을 수 없었을 것이다.

그래서 격동하는 동란의 시대와 인간을 탐구하고 싶었을 것이다. 그의 後一生을 알 수 없는 것이 자못 섭섭하기만 하다.

옮긴이 약력

중국 남양대학에서 수업
경향신문 문화회장 및 편집부국장 역임

저   서
단 편 집 ≪결혼도박≫ ≪연애백장≫ ≪혼혈아≫
장편소설 ≪태양은 누구를 위하여≫ ≪석방인≫ ≪장미의 침실≫

손자병법　　　　　〈서문문고 105〉

초판 발행 / 1976년 11월 20일
개정판 인쇄 / 2006년 1월 10일
개정판 발행 / 2006년 1월 15일
옮긴이 / 우 현 민
펴낸이 / 최 석 로
펴낸곳 / 서 문 당
주소 / 서울시 마포구 성산동 54-18호
전화 / 322—4916~8 팩스 / 322—9154
창업일자 / 1968. 12. 24
등록일자 / 2001. 1. 10
등록번호 / 제10-2093
SeoMoonDang Publishing Co. 2001

ISBN 89-7243-305-5   ※ 잘못된 책은 바꾸어 드립니다

서문문고 목록

001~303

◆ 번호 1의 단위는 국학
◆ 번호 홀수는 명저
◆ 번호 짝수는 문학

001 한국회화소사 / 이동주
002 황야의 늑대 / 헤세
003 고독한 산책자의 몽상 / 루소
004 멋진 신세계 / 헉슬리
005 20세기의 의미 / 보울딩
006 가난한 사람들 / 도스토예프스키
007 실존철학이란 무엇인가/ 볼노브
008 주홍글씨 / 호돈
009 영문학사 / 에반스
010 황혼의 이야기 / 쯔바이크
011 한국 사상사 / 박종홍
012 플로베르 단편집 / 플로베르
013 엘리어트 문학론 / 엘리어트
014 모옴 단편집 / 서머셋 모옴
015 몽테뉴수상록 / 몽테뉴
016 헤밍웨이 단편집 / E. 헤밍웨이
017 나의 세계관 /아인스타인
018 춘희 / 뒤마피스
019 불교의 진리 / 버트
020 뷔뷔 드 몽빠르나스 /루이 필립
021 한국의 신화 / 이어령
022 몰리에르 희곡집 / 몰리에르
023 새로운 사회 / 카아
024 체호프 단편집 / 체호프
025 서구의 정신 / 시그프리드
026 대학 시절 / 슈토름
027 태초에 행동이 있었다 / 모로아
028 젊은 미망인 / 쉬니츨러
029 미국 문학사 / 스필러
030 타이스 / 아나톨프랑스
031 한국의 민담 / 임동권
032 모파상 단편집 / 모파상
033 은자의 황혼 / 페스탈로치
034 토마스만 단편집 / 토마스만
035 독서술 / 에밀파게
036 보물섬 / 스티븐슨
037 일본제국 흥망사 / 라이샤워
038 카프카 단편집 / 카프카
039 이십세기 철학 / 화이트
040 지성과 사랑 / 헤세
041 한국 장신구사 / 황호근
042 영혼의 푸른 상흔 / 사강
043 러셀과의 대화 / 러셀
044 사랑의 풍토 / 모로아
045 문학의 이해 / 이상섭
046 스탕달 단편집 / 스탕달
047 그리스, 로마신화 / 벌핀치
048 육체의 악마 / 라디게
049 베이컨 수상록 / 베이컨
050 마농레스코 / 아베프레보
051 한국 속담집 / 한국민속학회
052 정의의 사람들 / A. 까뮈
053 프랭클린 자서전 / 프랭클린
054 투르게네프 단편집
    / 투르게네프
055 삼국지 (1) / 김광주 역
056 삼국지 (2) / 김광주 역
057 삼국지 (3) / 김광주 역
058 삼국지 (4) / 김광주 역
059 삼국지 (5) / 김광주 역
060 삼국지 (6) / 김광주 역
061 한국 세시풍속 / 임동권
062 노천명 시집 / 노천명
063 인간의 이모저모/라 브뤼에르
064 소월 시집 / 김정식
065 서유기 (1) / 우현민 역
066 서유기 (2) / 우현민 역
067 서유기 (3) / 우현민 역
068 서유기 (4) / 우현민 역
069 서유기 (5) / 우현민 역
070 서유기 (6) / 우현민 역
071 한국 고대사회와 그 문화 /이병도
072 피사지에서 생긴일 /슬론 윌슨
073 마하트마 간디전 / 로맹롤랑
074 투명인간 / 웰즈

075 수호지 (1) / 김광주 역
076 수호지 (2) / 김광주 역
077 수호지 (3) / 김광주 역
078 수호지 (4) / 김광주 역
079 수호지 (5) / 김광주 역
080 수호지 (6) / 김광주 역
081 근대 한국 경제사 / 최호진
082 사랑은 죽음보다 / 모파상
083 퇴계의 생애와 학문 / 이상은
084 사랑의 승리 / 모옴
085 백범일지 / 김구
086 결혼의 생태 / 펄벅
087 서양 고사 일화 / 홍윤기
088 대위의 딸 / 푸시킨
089 독일사 (상) / 텐브록
090 독일사 (하) / 텐브록
091 한국의 수수께끼 / 최상수
092 결혼의 행복 / 톨스토이
093 율곡의 생애와 사상 / 이병도
094 나심 / 보들레르
095 에머슨 수상록 / 에머슨
096 소아나의 이단자 / 하우프트만
097 숲속의 생활 / 소로우
098 마을의 로미오와 줄리엣 / 켈러
099 참회록 / 톨스토이
100 한국 판소리 전집 /신재효,강한영
101 한국의 사상 / 최창규
102 결산 / 하인리히 빌
103 대학의 이념 / 야스퍼스
104 무덤없는 주검 / 사르트르
105 손자 병법 / 우현민 역주
106 바이런 시집 / 바이런
107 종교론·국민교육론 / 톨스토이
108 더러운 손 / 사르트르
109 신역 맹자 (상) / 이민수 역주
110 신역 맹자 (하) / 이민수 역주
111 한국 기술 교육사 / 이원호
112 가시 돋친 백합/ 어스킨콜드웰
113 나의 연극 교실 / 김경옥
114 목녀의 로맨스 / 하디
115 세계발행금지도서100선
    / 안춘근
116 춘향전 / 이민수 역주
117 형이상학이란 무엇인가
    / 하이데거
118 어머니의 비밀 / 모파상
119 프랑스 문학의 이해 / 송면
120 사랑의 핵심 / 그린
121 한국 근대문학 사상 / 김윤식
122 어느 여인의 경우 / 콜드웰
123 현대문학의 지표 외 / 사르트르
124 무서운 아이들 / 장콕토
125 대학·중용 / 권태익
126 사씨 남정기 / 김만중
127 행복은 지금도 가능한가
    / B. 러셀
128 검찰관 / 고골리
129 현대 중국 문학사 / 윤영춘
130 펄벅 단편 10선 / 펄벅
131 한국 화폐 소사 / 최호진
132 사형수 최후의 날 / 위고
133 사르트르 평전/ 프랑시스 장송
134 독일인의 사랑 / 막스 뮐러
135 사서삼경 입문 / 이민수
136 로미오와 줄리엣 /셰익스피어
137 햄릿 / 셰익스피어
138 오델로 / 셰익스피어
139 리어왕 / 셰익스피어
140 맥베스 / 셰익스피어
141 한국 고시조 500선/ 강한영 편
142 오색의 베일 / 서머셋 모옴
143 인간 소송 / P.H. 시몽
144 불의 강 외 1편 / 모리악
145 논어 /남만성 역주
146 한여름밤의 꿈 / 셰익스피어
147 베니스의 상인 / 셰익스피어
148 태풍 / 셰익스피어
149 말괄량이 길들이기/셰익스피어
150 뜻대로 하셔요 / 셰익스피어
151 한국의 기후와 식생 / 차종환
152 공원묘지 / 이블린
153 중국 회화 소사 / 허영환
154 데미안 / 헤세
155 신역 서경 / 이민수 역주

156 임어당 에세이션 / 임어당
157 신정치행태론 / D.E.버틀러
158 영국사 (상) / 모로아
159 영국사 (중) / 모로아
160 영국사 (하) / 모로아
161 한국의 괴기담 / 박용구
162 윤손 단편 선집 / 윤손
163 권력론 / 러셀
164 군도 / 실러
165 신역 주역 / 이기석
166 한국 한문소설선 / 이민수 역주
167 동의수세보원 / 이제마
168 좁은 문 / A. 지드
169 미국의 도전 (상) / 시라이버
170 미국의 도전 (하) / 시라이버
171 한국의 지혜 / 김덕형
172 감정의 혼란 / 쯔바이크
173 동학 백년사 / B. 윔스
174 성 도밍고성의 약혼 /클라이스트
175 신역 시경 (상) / 신석초
176 신역 시경 (하) / 신석초
177 베틀레르 시집 / 베틀레르
178 미시시피씨의 결혼 / 뒤렌마트
179 인간이란 무엇인가 / 프랭클
180 구운몽 / 김만중
181 한국 고시조사 / 박을수
182 어른을 위한 동화집 / 김요섭
183 한국 위기(圍棋)사 / 김용국
184 숲속의 오솔길 / A.시티프터
185 미학사 / 에밀 우티쯔
186 한중록 / 혜경궁 홍씨
187 이백 시선집 / 신석초
188 민중들 반란을 연습하다
    / 귄터 그라스
189 축혼가 (상) / 샤르돈느
190 축혼가 (하) / 샤르돈느
191 한국독립운동지혈사(상)
    / 박은식
192 한국독립운동지혈사(하)
    / 박은식
193 항일 민족시집/안중근외 50인
194 대한민국 임시정부사 /이강훈
195 항일운동가의 일기/장지연 외
196 독립운동가 30인전 / 이민수
197 무장 독립 운동사 / 이강훈
198 일제하의 명논설집/안창호 외
199 항일선언·창의문집 / 김구 외
200 한말 우국 명상소문집/최창규
201 한국 개항사 / 김용욱
202 전원 교향악 외 / A. 지드
203 직업으로서의 학문 외 / M. 베버
204 나도향 단편선 / 나빈
205 윤봉길 전 / 이민수
206 다니엘라 (외) / L. 린저
207 이성과 실존 / 야스퍼스
208 노인과 바다 / E. 헤밍웨이
209 골짜기의 백합 (상) / 발자크
210 골짜기의 백합 (하) / 발자크
211 한국 민속악 / 이선우
212 젊은 베르테르의 슬픔 / 괴테
213 한문 해석 입문 / 김종권
214 상록수 / 심훈
215 채근담 강의 / 홍응명
216 하디 단편선집 / T. 하디
217 이상 시전집 / 김해경
218 고요한물방아간이야기 /
    H. 주더만
219 제주도 신화 / 현용준
220 제주도 전설 / 현용준
221 한국 현대사의 이해 / 이현희
222 부와 빈 / E. 헤밍웨이
223 막스 베버 / 황산덕
224 적도 / 현진건
225 민족주의와 국제체제 / 힌슬리
226 이상 단편집 / 김해경
227 삼락신강 / 강무학 역주
228 굿바이 미스터 칩스 (외) / 힐튼
229 도연명 시전집 (상) /우현민 역주
230 도연명 시전집 (하) /우현민 역주
231 한국 현대 문학사 (상)
    / 전규태
232 한국 현대 문학사 (하)
    / 전규태
233 말테의 수기 / R.H. 릴케

234 박경리 단편선 / 박경리
235 대학과 학문 / 최호진
236 김유정 단편선 / 김유정
237 고려 인물 열전 / 이민수 역주
238 에밀리 디킨슨 시선 / 디킨슨
239 역사와 문명 / 스트로스
240 인형의 집 / 입센
241 한국 골동 입문 / 유병서
242 토마스 울프 단편선/ 토마스 울프
243 철학자들과의 대화 / 김준섭
244 파리시절의 릴케 / 버틀러
245 변증법이란 무엇인가 / 하이스
246 한용운 시전집 / 한용운
247 중관송 / 나아가르쥬나
248 알퐁스도데 단편선 / 알퐁스 도데
249 엘리트와 사회 / 보트모어
250 O. 헨리 단편선 / O. 헨리
251 한국 고전문학사 / 전규태
252 정을병 단편집 / 정을병
253 악의 꽃들 / 보들레르
254 포우 걸작 단편선 / 포우
255 양among학이란 무엇인가 / 이민수
256 이육사 시문집 / 이원록
257 고시 십구수 연구 / 이계주
258 안도라 / 막스프리시
259 병자남한일기 / 나만갑
260 행복을 찾아서 / 파울 하이제
261 한국의 효사상 / 김익수
262 갈매기 조나단 / 리처드 바크
263 세계의 사진사 / 버먼트 뉴홀
264 환영(幻影) / 리처드 바크
265 농업 문화의 기원 / C. 사우어
266 젊은 처녀들 / 몽테를랑
267 국가론 / 스피노자
268 임진록 / 김기동 편
269 근사록 (상) / 주회
270 근사록 (하) / 주회
271 (속)한국근대문학사상/ 김윤식
272 로렌스 단편선 / 로렌스
273 노천명 수필집 / 노천명
274 콜롬바 / 메리메
275 한국의 연정담 /박용구 편저
276 심현학 / 황산덕
277 한국 명창 열전 / 박경수
278 메리메 단편집 / 메리메
279 예언자 /칼릴 지브란
280 충무공 일화 / 성동호
281 한국 사회풍속야사 / 임종국
282 행복한 죽음 / A. 까뮈
283 소학 신강 (내편) / 김종권
284 소학 신강 (외편) / 김종권
285 홍루몽 (1) / 우현민 역
286 홍루몽 (2) / 우현민 역
287 홍루몽 (3) / 우현민 역
288 홍루몽 (4) / 우현민 역
289 홍루몽 (5) / 우현민 역
290 홍루몽 (6) / 우현민 역
291 현대 한국시의 이해 / 김해성
292 이효석 단편선 / 이효석
293 현진건 단편선 / 현진건
294 채만식 단편선 / 채만식
295 삼국사기 (1) / 김종권 역
296 삼국사기 (2) / 김종권 역
297 삼국사기 (3) / 김종권 역
298 삼국사기 (4) / 김종권 역
299 삼국사기 (5) / 김종권 역
300 삼국사기 (6) / 김종권 역
301 민화란 무엇인가 / 임두빈 저
302 무정 / 이광수
303 야스퍼스의 철학 사상
     / C.F. 월레프
304 마리아 스튜아트 / 쉴러
306 오를레앙의 처녀 / 쉴러
308 프로메테우스(외) / 괴테
309 한국의 굿놀이(상) / 정수미
310 한국의 굿놀이(하) / 정수미
311 한국풍속화집 / 이서지
312 미하엘 콜하스 / 클라이스트
314 직조공 / 하우프트만
316 에밀리아 갈로티
     / G. E. 레싱
318 시몬 마샤르의 환상
     / 베르톨트 브레히트
321 한국의 꽃그림 / 노숙자